Dresden

Die nördlichste Stadt des Südens: klassisch schön und voller Vitalität

Liebe Leserin, lieber Leser,

es soll Menschen geben (ich kenne keine), die Dresden nicht mögen. Die meisten Besucher aber entflammen in heller Liebe zu dieser Stadt. Das geht bis zu jenem MERIAN-Redakteur, der für diese Ausgabe über die Sächsische Schweiz berichten sollte und Dresden eigentlich nur im Transit berührte. Nach seiner Rückkehr von der Reportagereise wollte er kündigen und in Sachsens Hauptstadt umziehen. Unberührt lässt Dresden niemanden. Voll südlicher Lebensart wirkt die Stadt jugendlich frisch und doch klassisch schön. Geradezu italienisch. Elbflorenz eben.

Wenn einem irgendwo Bechers Zeilen „Auferstanden aus Ruinen und der Zukunft zugewandt" einfallen mögen, dann in Dresden: Die Weihe der neu entstandenen Frauenkirche – gebaut aus Hingabe, Opferbereitschaft und Heimatliebe – ist Anlass für uns, diese MERIAN-Ausgabe über Dresden vorzulegen. Den vieljährigen Wiederaufbau haben wir in diesem Heft ausführlich dokumentiert. Das Gotteshaus allein wäre einen Besuch Dresdens wert – ebenso wie der 800. Stadtgeburtstag, der 2006 in ein einziges barockes Freudenfest verwandeln wird.

Dresden ist aber auch Moderne, Forschung und Industrie. Eine Stadt der Kunst und der Kultur. Eine Stadt, die Ihnen nie wieder aus dem Sinn gehen wird. Überzeugen Sie sich selbst.

Herzlich, Ihr

Andreas Hallaschka
MERIAN-Chefredakteur

CANALETTO-BLICK Bernardo Bellotto, der sich wie sein berühmter Onkel „Canaletto" nannte, malte 1748 Dresden von den Elbwiesen aus. 257 Jahre später fotografierten Horst und Daniel Zielske, Vater und Sohn, das Ufer der Altstadt von der gleichen Stelle **SEITE 16**

INHALT

Dresden

MERIAN | Info >> SEITE 117

SEITE 70
NEUE FORMEN
Hervorragende und kühne Bauten der Moderne beweisen, dass es in Dresden auch ein Leben jenseits der Klassik gibt

SEITE 78
IM ELBSANDSTEINGEBIRGE
Die bizarren Formationen der Bastei prägen eine Urlandschaft an der oberen Elbe

Wer schätzt das nicht: dieses beruhigende Gefühl, in guten Händen zu sein. Und damit Sie auch in 12.000 Metern Höhe echte Geborgenheit erleben, kümmert sich jeder unserer Mitarbeiter täglich darum, Ihnen die Reise von Anfang an so angenehm wie möglich zu machen. Danke, dass Sie Lufthansa Ihr Vertrauen schenken.
www.lufthansa.com

Piloten, die bestens ausgebildet sind.
Mechaniker, die jede Schraube doppelt checken.
Flugbegleiter, die Sie zu Ende träumen lassen.
Alles für diesen Moment.
There's no better way to fly.
Lufthansa
A STAR ALLIANCE MEMBER

PROMINENTEN IN DEN MUND GESCHOBEN

Dresdner **Dialog**

Wenn Petrus es weiter so schütten lässt ...
... soll er diesmal selber zusehen, wie er die Sandsäcke zusammenbekommt!

Raffaels berühmtes Bild „Sixtinische Madonna“ mit den beiden Putten sehen Sie vollständig in der Gemäldegalerie Alte Meister

URSACHSENFORSCHUNG

Noch ein **Tempel**

Im Stadtteil Nickern fand man beim Bau eines Einkaufszentrums Spuren eines zwei Meter tiefen kreisförmigen Grabens: Das Landesamt für Archäologie will nicht ausschließen, dass hier einst ein Heiligtum stand. Keramikfiguren von Mensch und Tier fanden sich in den Tiefen und Werkzeuge aus Stein und Knochen. Das alles wurde hier zwischen 4800 und 4600 v. Chr. liegen gelassen, was bedeutet, dass die Ursachsen ihre Tempel 2000 Jahre vor Erfindung der Pyramiden bauten. Neben Dresdens Musentempeln nun noch einer aus der Jungsteinzeit.

Devise in Dresden: Taler, Taler, du musst wandern

WIR TAUSCHEN TALER

Zwei zu Eins

Nach Mark der DDR, DM und Euro endlich die Knete, die Dresdens Wirtschaft stabilisieren wird: der Elbtaler! 2006 soll die Parallelwährung unter Beteiligung möglichst vieler lokaler Produzenten, Dienstleister und Händler zum Kurs 5 Euro = 10 Elbtaler zunächst in der Neustadt eingeführt werden. Prinzip ist, dass der Elbtaler jährlich acht Prozent an Wert verliert. Das animiert zum Konsum und verhindert, dass – wie es eben beim Euro geschieht – Geld durch Sparen dem Wirtschaftskreislauf entzogen wird und sich die Nachfrage nicht belebt. Vor allem gewährleistet die regional begrenzte Gültigkeit des Elbtalers, dass das Geld im Dresdner Raum bleibt. 200 bis 300 Unternehmen müssen mitmachen, damit das Experiment gelingt.

WIR SOLLEN NIEMALS AUSEINANDERGEHN

Die Single-**Socke**

Wo ist die zweite Socke? Michael Baumann fand die Erklärung für eines der mysteriösesten Rätsel, seit die Menschheit Waschautomaten betreibt: Ganz einfach, sie bleibt nach dem Schleudergang oben in der Trommel kleben. Der Chef des Wasch-Salons Crazy in der Louisenstraße 6 pflückte mit der Zeit geduldig 2583 Einzelsocken raus und hängte die verwitweten Fußkleider unter die Decke – in allen Größen, Farben und Mustern. Gute Chancen also, hier ein passendes Partnerexemplar zu finden. Seit 1990 übrigens haben sich 1,2 Millionen Sachsen woandershin auf die Socken gemacht. Viele Dresdner möglicherweise nur auf eine, wie der Fundort Crazy vermuten lässt.

Kriegen kein Bein auf den Boden: 2583 verwitwete Socken

PUBLICIS
"ICH BIN EIN SÄCHSIST."

ZWEITAKT-FLIRT

Auf **Trab**

Hinters Lenkrad quetschen, Choke ziehen, Motor anlassen, Hand an die Revolverschaltung – und ab geht es in der „Rennpappe" zur Stadtrundfahrt im Konvoi. Im ersten Trabi sitzt ein Guide, dessen anekdotenreiche Erklärungen per Funk in die Radioboxen der anderen Wagen übertragen werden. www.trabi-safari.de

FRÜCHTCHEN

Mieze Schindler **wird vernascht**

Sie ist zierlich, weich und zum Fressen süß. Gerade hat sie ihren Achtzigsten gefeiert und bleibt doch ewig jung. Ihre Liebhaber schätzen den aromatischen Waldbeerengeschmack und preisen sie als „Praline unter den Erdbeeren". 1925 von Prof. Otto Schindler in Pillnitz gezüchtet und nach seiner Gattin benannt, war sie im Westen in Vergessenheit geraten. Mieze verabscheut lange Reisen und Lagerung, weshalb sie auf Märkten nicht angeboten wird. Nun aber schickt sie sich an, zum liebsten Ziehkind der Hobbygärtner zu werden. Ist sie reif, vernascht man sie am besten gleich am Beet. O Mieze!

DER ANTI-STOLLEN

Luftikus

Weil die Kuriere Augusts des Starken, oft voll des Meißner Weines, eilige Depeschen zu spät lieferten, wurden sie zur Mitnahme von Meißner Fummeln verdonnert. Diese bestehen vor allem aus Meißner Luft, umgeben von einer dünnen gebackenen Teighülle und sind zerbrechlich wie ein rohes Ei. Für die Kuriere galt also: 0,0 Promille. Die Konditorei Zieger in Meißen backt die Fummeln immer noch und versendet sie sogar – absolut bruchsicher! www.konditorei-zieger.de

STREUOBST

Brandstiftung

Schöner von Herrnhut, Böhmischer Rosenapfel und Zuccalmaglio-Renette gehören zu den fast ausgestorbenen Sorten, die ungespritzt auf den alten Streuobstwiesen rund um Dresden wachsen. Sie sortenrein in den verflüssigten Zustand zu überführen, ist das Verdienst der Ersten Dresdner Spezialitätenbrennerei. In einem 200 Jahre alten Gewölbekeller in Klotzsche wird schonend gebrannt und das Destillat veredelt. Für ihre Brände, zu denen u. a. auch Birne, Zwetschge und Quitte verarbeitet werden, wurde die Destille 2005 bei einem internationalen Wettbewerb mit 15 Medaillen ausgezeichnet. Darauf einen Herrnhut! www.augustus-rex.com

Zahlenspiel

179 700 000 **Euro** kostete der Wiederaufbau der Frauenkirche, mehr als 100 Millionen Euro waren private Spenden
1 500 000 **Stollen** werden jährlich in Dresden gebacken, fast 50 Prozent davon anderswo auf der Welt verzehrt
35 000 **karminrote Blüten** entfaltet von Februar bis April die 1776 aus Japan importierte Kamelie im Pillnitzer Schlosspark
24 000 **Meissener Porzellanfliesen** wurden für den „Fürstenzug", die Wettiner Ahnengalerie, verarbeitet 354 **Kinder** soll Kurfürst Friedrich August I. gezeugt haben. Den Beinamen „der Starke" aber erwarb er sich im Ringkampf mit einem Bären

Schloßstraße 1900

Schloßstraße 1949

ZEITSPRUNG

Auferstanden aus Ruinen

Die Schloßstraße war eine der belebtesten Straßen im Dresden der Vorkriegszeit. Alle vier Fotos wurden vom Altmarkt aus mit Blick auf Schloss (runder Erkerturm), Hofkirche und Georgentor aufgenommen. Anstelle der Geschäftshäuser entstanden links das „Quartier M“ mit Wohnbauten, halbrechts der Stallhof neu und ganz rechts der Kulturpalast.

Schloßstraße 1959

Schloßstraße 2004

Planung 1963

SOPHIENKIRCHE

Ulbricht räumt ab

Auf der Platte standen Dresdner Monumente als kleine Bauklötze. SED-Chef Walter Ulbricht griff zu – und weg war die Sophienkirche. Zum 1. Mai 1963 verschwanden die letzten Steine dieses Opiumbehälters fürs Volk. Die Kriegsruine hätte durchaus wiederaufgebaut werden können, die Dresdner hatten die Kirche zwischen Großer und Kleiner Brüdergasse geliebt, hier ihre Edelsten bestattet und zur Silbermann-Orgel gesungen. 1999 entstand hier das „Haus am Zwinger“. Die Grundrisslinien von St. Sophien sind in den Boden gepflastert.

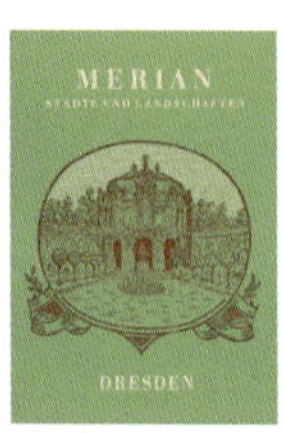

1949

1967

1995

1999/2002

Das erste Dresden-Heft erschien kurz vor der Gründung der DDR, das zweite, als man im Westen noch von der „Sowjetzone“ sprach. Nummer 3 zeigte die Stadt nach der Wiedervereinigung, Ausgabe 4 wurde 2002 nach der Flut aktualisiert

Die neue Business-Kollektion von
Samsonite®
Life's a Journey
virgin atlantic
N277SF
virgin atlantic
"Business heißt für mich nicht Anzüge zu tragen oder die Aktionäre zufrieden zu stellen. Es geht darum, sich selbst und seinen Ideen treu zu bleiben und das Wesentliche im Auge zu behalten."
Richard Branson, Vorstandsvorsitzender von Virgin und Weltreisender mit Inspiration.
Pro-DLX. Die Business-Kollektion für das Wesentliche.
Richard Branson spendete sein Fotohonorar der Virgin Unite Foundation. www.virginunite.com

Stadtromantik. Vor den Elbwiesen am neustädtischen Ufer präsentiert sich das Barockwunder Dresden aus fast derselben Perspektive, die 1748 der Vedutenmaler Canaletto sah (s. S. 3)

GLÄNZENDE AUSSICHTEN

Ein Bild von einer Stadt, einer aus der Zerstörung wiedererstandenen Stadt. Es aus dem Bewusstsein der Dresdner zu löschen, war den alliierten Bomberflotten im Februar 1945 nicht gelungen. Heute, 60 Jahre später, ist Sachsens Metropole eine der attraktivsten Städte Deutschlands

FOTOS VON HORST UND DANIEL ZIELSKE

NACHTWACHE MIT SEMPER

Mit der „Steinernen Glocke“ der Frauenkirche fand die „Zitronenpresse“, die Kuppel der Kunstakademie, wieder ihr Pendant. Gottfried Semper (auf dem Denkmalssockel) hat hier nicht gebaut. Darum hält er zur Orientierung einen Plan in der Hand

VOLLENDET
MDCCCLXXXXIII

NACH OBEN GEHT'S ZUM GLÜCK

In „Arabella“ von Richard Strauss führen Geld und Liebe nach vielerlei Wirren zu einer gesegneten Verbindung. Also kann es nur aufwärts gehen auf der Bühne der Semperoper, in der 1933 auch die Uraufführung dieser musikalischen Komödie inszeniert wurde

WO MILCH UND HONIG FLIESSEN

Im schönsten Milchladen der Welt veränderte sich seit 1892 allein das Sortiment. 80 bis 120 Käsesorten, Buttermilch, Honig und sogar Milchseife gibt's in Pfunds Molkerei in der Bautzner Straße 79. Nur die Majolikafliesen darf man nicht mitnehmen

Pfunds
Condensirte Milch
Esst
Zahlstelle.

SCHWUNGVOLL IM GRÜNEN

Man war entsetzt in der für Zerstörungen sensiblen Stadt. Mitten im Großen Garten, dem verschwenderischen Naturtheater Augusts des Starken, sollte die Autofabrik von VW enstehen. Heute sind alle froh: Experiment gelungen, Park verschönt, 1000 Arbeitsplätze geschaffen

SACHSEN, DEINE HELDEN

An der Fassade des Stallhofs macht sich der Fürstenzug breit: 35 Herrscher des Hauses Wettin nebst Wissenschaftlern und Künstlern im Gefolge. Meißen war fleißig und lieferte 24 000 Fliesen aus Porzellan für das Bild. Das Volk, der heutige Souverän, staunt

INS RECHTE LICHT GERÜCKT

Keine andere deutsche Stadt versammelt auf so engem Raum so viele bauliche Schätze. Die Parade der Dresdner Monumente unterhalb der Brühlschen Terrasse beginnt links: Georgentor, Schloss, Hofkirche und Semperoper. Weiteres in nächster Nähe

Augusts Spielzeug

Überraschend wurde Friedrich August Kurfürst. Der militärische Versager wandte sich den Künsten und dem Leben zu: mit Geld und Geist, mit Haut und Haar. Er hinterließ massenhaft Preziosen aus Gold und Edelstein

Text: Mathias Mesenhöller

2

3

1

1 Der Thron des Großmoguls Aureng-Zeb in Delhi
Der indische Nabob, ein Zeitgenosse Augusts, besaß das Weltmonopol für Diamanten und war viel reicher als er. Der Tischaufsatz aus J.M. Dinglingers Werkstatt, nur 140 cm breit, huldigt orientalischer Pracht bis ins kleinste Detail. So zeigt es unter vielem auch einen **2 Reiseelefant** (ein wertvoller Albino im Bild links vor den Spiegeln) dessen Ausstattung bis in den

Ebenbildchen: August als **Email-Miniatur** von Charles Boit, 10 cm breit

Baldachin und bis in die Schattierung hinein nachgebildet ist, und den 3 »**Bramin**« (im großen Bild ganz vorn), jenen Zeremonienmeister, der alljährlich überwacht, wie der Mogul an seinem Geburtstag in Gold aufgewogen wird

1

2

3

1 Schale mit Neptun
Die nur 14 cm hohe Prunkschale stammt wohl aus dem Mailand des 16. Jahrhunderts und gelangte aus dänischem Besitz nach Dresden

2 Uhr mit dreifacher Kette
Das Prachtstück von Dinglinger mit den beiden Siegeln war Teil einer so genannten Garnitur: Zierwaffen, Knöpfe und Schnallen in einheitlichem Design, hier bestimmt durch den roten Karneol

3 Schlittschuh laufender Holländer
Die Gracht in Pracht, das Döschen als Panorama und die Hose aus Perlmutt. Das nur 12 cm hohe, mit Diamanten, Rubin und vor allem Perlen gestaltete Werk (vor 1705) stammt von einem unbekannten Frankfurter Goldschmied, das Wort »barock« bezeichnet ursprünglich eine pervertierte Perle

4 Statuette der Daphne
Silber vergoldet mit Koralle (um 1580). Die 68 cm hohe und mitten in der Metamorphose zum Baum begriffene Daphne von Abraham Jamnitzer lässt sich praktisch nutzen: Der Oberkörper ist abklappbar, der Unterkörper dient als Gefäß

Perlen und Korallen: Barocker geht's nicht

Augusts Sohn August wandte sich der Malerei zu: Blick auf die „Sixtinische Madonna“ in der Galerie Alte Meister

1

2

3

1 Der heilige Georg
Gold, Smaragd, Rubin und nicht weniger als zehn Diamanten unterstützen St. Georg beim Drachenkampf. 83 mm hoher Anhänger, Deutschland, Ende 16. Jahrhundert

2 Porzellandosen
Wertvoll wie Gold war Böttgers Erfindung. Die beiden Deckeldosen mit seladonfarbenem Fond und chinoisierenden Motiven stammen aus dem Meißen des Jahres 1730

3 Spazierstock aus der Rubingarnitur, ein Hirschfänger (Smaragdgarnitur) und ein Paradedegen mit Saphiren. Teile der vielen Garnituren, unter denen sich August täglich entscheiden musste

4 Spinnenautomat
Das 26 mm lange Tierchen bewegt die Beine und krabbelt zum Kreischen schrecklich über den Tisch. Hofuhrmacher Tobias Reichel hat es 1604 gebaut

Sinnlicher Nutzen: zum Trinken und Tanzen

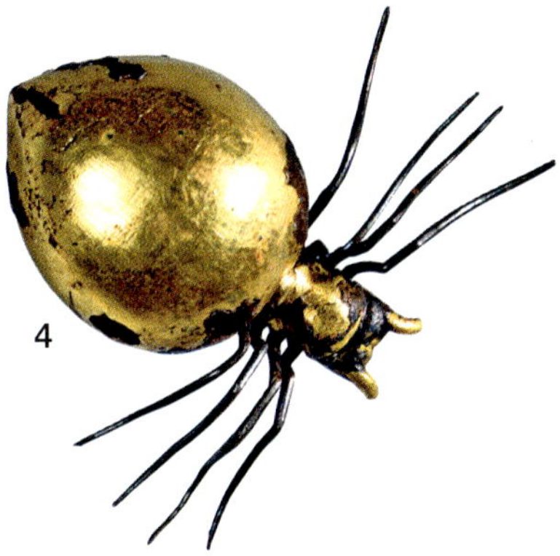

4

heinrich von Treitschke war gründlich angewidert. „Als die Prunksucht der Albertiner* mit der Unzucht des polnischen Adels sich freundlich zusammenfand, trat der deutsche Absolutismus in seiner Sünde Blüte.“ Jahr des Sündenfalls: 1697. Unter Wechsel seines Glaubens lässt sich Kurfürst Friedrich August I. von Sachsen als August II. zum König des katholischen Polen wählen; in die Geschichte wird er eingehen als August der Starke, sein Regiment als eine Folge von Hoffesten, Mätressen, Verschwendung und Ausschweifung – Treitschke, der Historiker des preußisch-deutschen Machtstaats, wusste kaum, wohin mit sich vor Ekel.

Sacht fällt der Garten zum Fluss hin ab und öffnet den Blick auf das gegenüberliegende Elbufer. Ein Zipfel Zwinger, Semperoper, Hofkirche, Brühlsche Terrasse, Frauenkirche – der wechselnde Geschmack etlicher Generationen, zusammengehalten von einem Geniestreich: Im bestechendsten seiner Kraftakte hat August der Starke das vom Fluss abgewandte Dresden nach der Elbe geöffnet, drehte es gleichsam um. Ein sächsischer Canal Grande sollte entstehen. Er blieb unvollendet. Wie das meiste, was der König begann, selbst der Zwinger ist nur eine erweiterte Orangerie, Ersatz für das nie ausgeführte Schloss. Aber August schuf die Struktur, in die seine Nachfolger ihre Werke einließen. Mit ihm begann der Aufstieg eines respektablen Fürstensitzes zur europäischen Kunstmetropole.

Angelassen hatte es sich anders. Als Zweitgeborener wurde Friedrich August auf eine Offizierslaufbahn vorbereitet, reiten, fechten, jagen. Von seinen Lehrern vermochte ihn allein Wolf Caspar von Klengel zu packen: Oberlandbaumeister, Artillerist, Kunstmensch, der den Prinzen in Fortifikationstechnik unterwies.

Als 1685 Altendresden rechts der Elbe abbrannte, entwarf Klengel eine Neubebauung, die zwar abgelehnt wurde – viel zu großzügig für das Residenzstädtchen –, gleichwohl seinem Schüler die Perspektiven der barocken Stadtplanung eröffnete. Aber das waren Luftschlösser. Ebenso die Phantasien, die er von der Kavalierstour nach Versailles, Madrid und Venedig mitbrachte. Denn als der Vater starb, erbte der ältere Bruder Johann Georg den Thron. Ein blasser Tintenkleckser, den Friedrich August verachtete – und beneidete. 1694 küsste Johann Georg IV. eine blattern-kranke Geliebte. Er hinterließ keine ehelichen Kinder. Friedrich August wurde Kurfürst.

„Ich hatte seit dem 18. Jahre nur militärische Studien getrieben und nicht die geringste Kenntnis von den Geschäften. Mein einziger Wunsch war kriegerischer Ruhm“, schrieb er. Über die desaströsen Details des Nordischen Krieges gehen wir hinweg: August, durch einen unglücklich-glücklichen Zufall auf den Thron gekommen, im Feld gescheitert, setzte seinem Ungestüm ein neues Ziel. Er wurde zum Kunst-Maniac und Lebenskünstler.

Beides gehört untrennbar zusammen. Der Kurfürst war kein Pharao, er dachte nicht daran, sich eine monumentale Grabkammer zu schaffen, sondern einen fantastischen Festsaal – der Sinn seiner Bauten und Sammlungen bestand in ihrer Nutzung; als Barockmensch wollte er Pracht anfassen, aus ihr trinken, sie anziehen, unter ihr tanzen.

August choreographierte seine Feste, den jährlichen Karneval, die bombastische Hochzeit des Kurprinzen 1719, ähnlich hingegeben, wie er die glänzende Ausstattung zusammenbrachte und nächtelang mit seinen Architekten diskutierte. So entstanden ephemere Gesamtkunstwerke, modern gesprochen: Performances, von denen uns nur die Kulissen und Requisiten erhalten sind. Und die Beschreibungen, Stiche und Zeichnungen, das PR-Material, das den Ruhm des Dresdner Hofes durch ganz Europa tragen sollte.

Prachtentfaltung war zugleich Machtentfaltung, sie symbolisierte einen Anspruch und stellte der Welt die Mittel vor Augen, ihn zu decken. Deshalb durften die Requisiten zwischen den Festen nicht ungesehen verstauben, mussten hergezeigt werden – August bildete Spezialsammlungen und machte sie zugänglich. Die berühmteste ist das Grüne Gewölbe, aber auch der Zwinger wandelte sich zum Ausstellungspalast.

Seit 1697 war dieser Anspruch, den Dresden repräsentierte, nicht mehr der eines sächsischen Kurfürsten, sondern eines Herrschers in Polen-Litauen – einem Reich, das sich von der Ostsee bis zu den Türken erstreckte, und die Prunkaufhäufung entsprach dem: Der Mathematisch-Physikalische Salon, das Münz- und das Kupferstichkabinett, die Skulpturen- und die Porzellansammlung, Gemäldegalerie und Schatzkammer entfesseln bis

* Linie der Wettiner seit 1485

Vater und Sohn: Könige und Kunstnarren

Von August III. in Venedig gekauft: Giorgiones »Schlummernde Venus«

heute Begeisterungsstürme. Der Kurfürst-König brachte die Bestände zusammen, indem er ausgewählte Einzelstücke, häufiger aber ganze Sammlungen aufkaufte. Oder ertauschte, etwa 151 metergroße chinesische Vasen vom Brandenburger Nachbarn, der dafür 600 Soldaten bekam. Die „Dragonervasen" sprechen deutlich von den gewandelten Prioritäten des Wettiners, und Dresden schmückt denn auch der europäisch seltene Ruhm, dass seine Schätze durchweg erworben sind, nichts geraubt ist.

das kostete Geld: Allein für den Tischaufsatz „Hofstaat zu Delhi", eine Anspielung auf das orientalische Gepränge des Wettiner-Reiches, stellte Johann Melchior Dinglinger 58 485 Taler in Rechnung – etwa den Wert von Schloss Pillnitz. Ein Zimmermann brachte es mit Glück auf einen Taler in der Woche. Doch die Fiskaltheorie der Zeit huldigte einem Kreislaufgedanken und warnte vor Sparpolitik, die der Bevölkerung Erwerb entziehe – August dem Starken musste man das nicht zweimal sagen. Er kaufte nicht nur auswärts, sondern holte Künstler ins Land, die Architekten Pöppelmann, Longuelune und Eosander, den Bildhauer Permoser, den Maler Silvestre d. J., den Goldschmied Dinglinger, legte eine Spiegelschleiferei an, eine Glasfabrik, Steinschneidemühle, Teppichwirkerei: Die Produktion von Luxusgütern war Hochtechnologie, der Kurfürst förderte sie nach Kräften. Sachsen war reich an Bodenschätzen, die Landwirtschaft ergiebig, das Gewerbe entwickelt, und mit Leipzig verfügte es über den „Marktplatz Europas".

Dennoch, es reichte nie. August suchte abenteuerlichere Finanzierungswege: Auf dem Königstein hielt er einen Alchimisten fest, der im Ruf stand, unedle Metalle in Gold verwandeln zu können – dem machte er Druck. Als Johann Friedrich Böttger begriff, dass es um seinen Kopf ging, ließ er sich auf eine alternative Problemstellung ein, und 1709 präsentierte er seinem Fürsten zwar kein künstliches Gold, immerhin aber Porzellan. Der Modeartikel des Barock, so lange aus Fernost importiert, war kaum weniger kostbar – und August der Starke sammelte ihn mit einer Unersättlichkeit, die er selbst seine *maladie de porcelain* nannte.

In Meißen wurde die Manufaktur gegründet und auf den Leipziger Messen das erste europäische Hartporzellan verkauft. Der Reputationsgewinn war enorm, der materielle nicht zu verachten. Allerdings kam August bald auf die Idee, die kleinformatigeren Figurenprogramme in großer Auflage unters Volk zu bringen – auch der Nippes geht auf sein Konto.

Man kann nicht über August den Starken sprechen und von seinem Erben schweigen: August III. machte die Einwurzelung des Kunstsinns in Dresden endgültig, er vollendete, erweiterte, und besonders in der Malerei.

Hatte der Vater die von den Renaissancefürsten ererbte Sammlung großzügig ergänzt und fortgebildet, um Giorgiones „Schlummernde Venus", die er zeitlebens besonders liebte, dann Rembrandt, Rubens, Poussin, so entwickelte der Sohn jene Bildermanie, der Dresden eine Sammlung Alter Meister von beeindruckender Vollständigkeit verdankt. Ein Heer von Agenten trug sie aus Venedig, Rom, Florenz, Paris, Prag, Bologna, Antwerpen und Amsterdam zusammen. Als es gelang, Raffaels „Sixtinische Madonna" zu erwerben, ließ der „stille König" seinen Thron für sie beiseite rücken, ein bekennender Radikalästhet: „So muss es in die Geschichte eingehen: Die Preußen Soldatenkönige – die Saxer Kunstkönige!"

Das hochgemute Kunst-Credo rächte sich noch zu seinen Lebzeiten. Im Siebenjährigen Krieg wurde Dresden niedergebrannt – von eben jenen Preußen, die Dragoner vorzogen.

heute sind nurmehr Rudimente der Barockstadt vorhanden, die ja nicht aus einigen Solitären bestand, sondern aus kompletten Straßenzügen. August der Starke hatte seinen Lehrer Klengel nicht vergessen, und sobald es ging, zog er dessen Pläne aus der Schublade, um auf dem rechten Elbufer die „Neue Königsstadt" auszuführen, die Neustadt. Auch hier ist die Struktur der Anlage noch zu erkennen, aber allenfalls die Königstraße vermittelt einen Eindruck, wie die Bebauung einmal ausgesehen hat – auf Zerstörung folgte Neubau, dann löschte der Zweite Weltkrieg das Gesicht des alten Dresden aus. Wie auch die andere Residenz der beiden Auguste, Warschau.

In beiden Städten wurden mehr oder weniger umfangreiche Wiederherstellungen durchgesetzt, spektakulär die der Dresdner Frauenkirche mit ihrer stadtbildprägenden Kuppel. Das erste Mal wurde sie auf Kosten der Stadt errichtet – der neu-katholische König hielt sich bei einer evangelischen Bürgerkirche lieber zurück –, das zweite Mal analog aus privaten Spenden. Ihre Rekonstruktion wiederholt einen Sieg des Kunstsinns über die Barbarei: Als Treitschkes Heros Friedrich der Große Dresden zerschießen ließ, bissen seine Kanoniere sich an der Frauenkirche die Zähne aus, die Kugeln prallten von der Kuppel ab. „Lasst den ollen Dickkopp stehn", soll der Preuße gegrummelt haben. □

Mathias Mesenhöller *ist Mitarbeiter am Geisteswissenschaftlichen Zentrum Geschichte und Kultur Ostmitteleuropas in Leipzig.*

Brasilien für Individualisten
Individuell …
… planen
Klassische Reisepakete zum Komplettpreis oder ganz individuell und flexibel.
Z.B. nur Flug, nur Rundreise oder nur Hotel. Sie bestimmen wie, was, wann und wo.
… reisen
Sie haben die Wahl: Salvador, Porto Seguro, Rio de Janeiro, Manaus oder Fortaleza.
Z.B. Nonstop mit Condor nach Salvador da Bahia
zu tagesaktuellen Sparpreisen
… wohnen
Vom Luxushotel mit All Inclusive bis zur urgemütlichen Pousada.
Z.B. PORTO SEGURO | ARRAIAL D'AJUDA
Pousada Areia Branca NN+
Tagespreis im DZ inkl. Frühstück
p.P. schon ab € 9,–
… kombinieren
Mehrere Rundreisen – individuell kombinierbare Anschlussprogramme.
Z.B. Rundreise | »Chapada Diamantina«
ab Salvador da Bahia
4 Tage & 3 Nächte im DZ inkl. Frühstück
pro Person ab € 275,–
Weitere Informationen & Buchung in Ihrem Reisebüro oder unter Tel. 0 18 03 - 88 88 55*
*(€ 0,09/Min. aus dem gesamten Bundesgebiet)
Neckermann macht's möglich.
NEU:
Neckermann Individuell
Neckermann Reisen
neckermann-reisen.de

Gemäldegalerie Alte Meister

Venedig 1574: Andrang am Canal Grande, in allen Fenstern Schaulustige. Der mit der Staatsbarke eingetroffene Gast mit dem Mühlsteinkragen ist Heinrich von Valois, künftiger König von Frankreich, rechts der Doge Alvise Mogenico I., links ein Kardinal. Auf die Gesichter der Würdenträger hat Palma il Giovane viel Sorgfalt verwandt, mehr als 50 sind porträtgetreu wiedergegeben. Fahl wirkt das Antlitz des Staatsgastes: Als Palma 1589 von Heinrichs Ermordung erfuhr, hat er es grau übermalt, erst 1594 vollendete er „Den Einzug Heinrichs III. von Frankreich in Venedig". Vor dem Gemälde: Prof. Dr. Martin Roth, Generaldirektor der Staatlichen Kunstsammlungen Dresden.

Kunst aus dem Keller

Für MERIAN ans Licht geholt: Museumsleute der Staatlichen Kunstsammlungen Dresden präsentieren ihre Liebhaberstücke aus den Depots. Es sind Schätze, die Sie nie zu sehen bekommen – es sei denn, ein Museums-Chef schafft Platz

Text: Alfred Nemeczek, Fotos: Klaus Bossemeyer

Über Nacht bricht Feuer aus und jäh steht alle Kunst in Flammen: Von Zeit zu Zeit quält dieser Alptraum Museumsleute auf der ganzen Welt. Unruhiger Schlaf gehört zu ihrem Berufsbild. Ebenso wie die Hoffnung, dass so ein Desaster sie niemals ereilt. Aber wenn doch?

Professor Dr. Martin Roth, Generaldirektor der Staatlichen Kunstsammlungen Dresden, hat 2002 diesen Ernstfall erlitten und mit Helfern bravourös gemeistert. Kein Brand, sondern die Sintfluten der Weißeritz und der Elbe bedrohten damals, am 13. August 2002, eines der schönsten, bekanntesten und wertvollsten Kunstreservate Europas.

Unter den zwölf Museen in Roths Obhut am schwersten betroffen waren das Kunstgewerbemuseum im Schloss Pillnitz, die Skulpturensammlung im Albertinum und das Flaggschiff der sächsischen Kunstarmada – die Gemäldegalerie Alte Meister am Zwinger mit rund 750 Prachtwerken von Heroen wie Dürer, Raffael oder Rembrandt.

Das Wasser drängte durch die Keller ins Haus und erreichte zuerst die Depots, die Lager der nicht ständig ausgestellten Stücke. Roth ließ nach oben räumen und organisierte selbst technisches Gerät. Bis zu 7000 Liter Wasser pro Minute wurden aus dem Gewölbekeller des Albertinums gepumpt, während ein Helferheer bei Einsturzgefahr über 10000 Skulpturen und Gipsabgüsse rettete.

„Grausam“ nennt Roth den Moment, als er erfuhr, dass auch die nicht lange zuvor neu gebauten Depoträume unter der Galerie Alte Meister der Flut nicht zu trotzen vermochten. In nur sieben Stunden wurden 2690 Gemälde und 255 Rahmen in die Schausäle getragen. Für 321 Rahmen kam jede Bergung zu spät, und 23 riesige Bilder – zu sperrig für das Treppenhaus – blieben unter der Decke festgezurrt ihrem Schicksal überlassen. Das entschied am 17. August zu deren Gunsten: Zwar erreichte der Wasserspiegel im Depot 1,70 Meter Höhe – fiel dann jedoch zur Erleichterung aller. Auch in Pillnitz blieb mit knapper Not die ständige Sammlung trocken.

Roth, der täglich 20 Stunden an der Wasserfront gestanden, Mitarbeiter ermutigt, Medien informiert, Sofortgelder besorgt, Hilfsangebote befreundeter Museen rasch umgesetzt hatte, war der Mann der Stunde. Und schwor sich spontan, „nach der Flut die Flut nie mehr zu erwähnen“. Aber das hielt er nicht durch. Kaum waren seine

Galerie Neue Meister Mit Werken von Ferdinand von Rayski (1806-90), eines Malers, der im Dresden des 19. Jhs. Kunstgeschichte schrieb, hat sich Oberkonservator Gerd Spitzer umgeben. Er würdigt damit einen herausragenden Porträtkünstler. Von links nach rechts: „Kinderbildnis“ (1850), „Bildnis Kurt von Schroeter“ (1843), „Waldstudie zur Jagdpause“ (um 1859) und „Bildnis Friedrich von Boxberg“ (1861).

Skulpturensammlung

Was „Der Denker" von Auguste Rodin der wissenschaftlichen Mitarbeiterin Astrid Nielsen gerade vorgegrübelt hat, bleibt unter den beiden. Die 1,83 Meter hohe Gipsplastik ist eine 1903 geschaffene Vergrößerung der Tympanonfigur der „Höllenpforte", der Darstellung von Dantes „Inferno". Ab 1880 befasste sich Rodin mit dem Werk, die Gipsausführung mit der Detailfigur befindet sich im Musée Rodin in Paris. Die obige Kolossalfassung von 1904 ist eine private Schenkung.

Rüstkammer

Wer schon bekommt vom Heiligen Vater einen Hut geschenkt!, fragt Jutta Charlotte von Bloh, Oberkonservatorin in der Rüstkammer. Papst Benedikt XIII. weihte in der Weihnachtsnacht 1725 diese prächtige Kopfbedeckung mit der perlenbestickten Heiliggeisttaube sowie ein Schwert und dedizierte beides dem Kurprinzen Friedrich August (II.) von Sachsen. Der Sohn Augusts des Starken und spätere König von Polen nahm 1726 den Hut für das noch ungekrönte Haupt in Warschau entgegen.

Häuser wieder fürs Publikum geöffnet, widmete der Pragmatiker seinen ganzen Elan dem Thema Depot. Um diese Keller und Verliese, in denen jedes Museum Werke bunkert, die der Normalbesucher unter Umständen erst später einmal zu Gesicht bekommen kann, hatte sich Roth früher eher beiläufig gekümmert: „Sicherheit war eher Pflicht als Kür." Doch seit der Untergang der kostbaren Depotbestände in letzter Minute abgewendet wurde, respektiert Roth diese Reserven als „Staatsschatz erster Güte".

Und nimmt sich Zeit, auch Laien begreifbar zu machen, warum ihm jetzt ausgerechnet die Lager als „Kompetenzzentrum und Motor" seines alljährlich von rund zwei Millionen Besuchern frequentierten Kunstdistrikts so sehr am Herzen liegen. Für Außenstehende, weiß Roth, ist ein Depot mit seiner scheinbar chaotischen Fülle und Dichte von Bildern und Objekten, die nicht sämtlich erster Wahl sind „nicht besonders sexy".

Umso eifriger freilich stürzen sich Wissenschaftler der Dresdner Museen auf die Chance, den Depotbestand zumindest partiell zu adeln, indem sie Zuschreibungen korrigieren, vermeintlich Unechtes für authentisch erklären und die Resultate in Ausstellungen vorführen. Im Glücksfall profitieren auch die Schausammlungen.

Ohne permanenten Rückgriff auf den Fundus käme auch der Dresdner Leihverkehr alsbald zum Erliegen. Denn wer von anderen Museen für eine Schau etwas borgen will, ist ihnen heutzutage dafür Gegengaben schuldig. Ein Tauschhandel, bei dem Roth bisweilen zwar nicht ganz wohl ist – und den er dennoch offensiv nutzt, um mit Ausstellungen in New York, Hamburg, Tokio, London und demnächst auch in Versailles, Moskau oder Peking die Weltgeltung des Dresdener Kulturerbes zu stabilisieren. Und so lange in fast allen zwölf staatlichen Museen noch immer Kriegsfolgen von 1945 zu beheben sind, schickt Roth außer Depotgut auch Sammlungsbestände auf die Reise, die während dieser Bauarbeiten in Dresden nicht gezeigt werden können. Leihgebühren bringt das übrigens nicht ein. Auch die gern empfohlenen Verkäufe von Depotkunst brächten wenig ein, weil teure Spitzenwerke natürlich tabu sind. Also behält der Chef der Staatlichen Kunstsammlungen, was er hat und sichert es besser. Die von der Flut erfassten Magazine lässt er leer bis auf schnell zu bergende Reste, über dem Innenhof des

Grünes Gewölbe

Ob Sachsenwein aus diesem mit Gemmen besetzten, vergoldeten Silberpokal getrunken wurde, dafür möchte sich der Direktor des Grünen Gewölbes, Dirk Syndram, nicht verbürgen. Gesichert aber ist, dass der Dresdner Hofgoldschmied Johann Heinrich Köhler um 1720 den Prunkbecher aus dem gerade restaurierten Pretiosensaal schuf.

Albertinums entsteht neu ein 8500 Quadratmeter großes Zentraldepot. Ab 2006 kann gebaut werden.

Dort wird dann auch das figurenreiche Gemälde „Der Einzug Heinrichs III. von Frankreich in Venedig" des 1544 geborenen venezianischen Star-Manieristen Jacopo Palma, genannt Palma il Giovane (Palma der Jüngere) wieder einen garantiert sicheren Platz finden. Ob und wo es angesichts des Reichtums der Dresdner Gemäldeschätze von Weltrang, die die Besucher unbedingt sehen möchten, ausgestellt werden kann, bleibt eine spannende Frage.

Das 2,69 Meter hohe, 4,80 Meter breite Ölgemälde zählt zu den Depot-Werken, die während der Flut zwei Wochen lang flach unter der Decke hingen. Kontakt mit dem Wasser blieb ihm erspart, nicht aber Schaden durch eine extrem hohe Luftfeuchtigkeit. Doch nun, nach der Restaurierung, ist die Szene wieder, was sie vor der Katastrophe war: ein überzeugendes Werk Palmas, des neben Paolo Veronese und Tintoretto besten Malers seiner Generation, und ein facettenreiches historisches Dokument.

Dargestellt ist ein Staatsempfang der Republik Venedig, die damit Anno 1574 einen Monarchen ehrt, der zwischen zwei Thronen unterwegs ist. Heinrich von Valois, ein Franzose, hat in Polen als Wahlkönig geherrscht, dieses Amt aber soeben fluchtartig verlassen, weil sein eigenes Land ihn braucht: Nach dem Stopp am Canal Grande wird er demnächst als König Heinrich III. Frankreich regieren. Er ist ein Exzentriker, der gern in Frauenkleidern posiert und sich mit Mignons, Lustknaben, umgibt. Das katholische Venedig feiert ihn dennoch als Hoffnungsträger im Kampf gegen die Reformation, der in Frankreich besonders heftig wütet und 1589 auch Heinrich zum Mordopfer macht.

Vollendet wurde das Tableau um 1594, also zwei Jahrzehnte nach dem Ereignis. Als Auftraggeber gilt die Adelsfamilie Foscari, in deren Palast Heinrich 1574 auch residierte. Zur Dresdner Sammlung kam es 1748 aus der kaiserlichen Galerie in Prag, die dafür 3000 Florin (ca. 130 000 Euro) kassierte. Einem dauernden Ortswechsel vom Depot in die Galerie steht heute vor allem eins im Wege – sein allzu üppiges Format. □

Alfred Nemeczek *ist freier Journalist für Kunstthemen in Hamburg.*
Klaus Bossemeyer *möchte nach dieser Reportage dringend seinen Keller aufräumen, da er dort ebenfalls noch ein paar Schätze vermutet.*

Porzellansammlung

Wie Gardesoldaten hat Ulrich Pietsch, Direktor der Porzellansammlung, die blau bemalten chinesischen Porzellangefäße der Kangxi-Periode (1662-1722) aufreihen lassen. August der Starke erhielt sie einst von Preußenkönig Friedrich Wilhelm I. im Austausch gegen 600 sächsische Soldaten. Und darum heißen sie „Dragonervasen".

Mathematisch-Physikalischer Salon

„Chronomusikomat" könnte man die etwa 120 Jahre alte Türmchenuhr nennen, die Direktor Peter Plaßmeyer (rechts) und Depotverwalter Peter Müller präsentieren. Halbstündlich ruft ein Kuckuck aus der Luke die Zeit aus, um 6, 12 und um 18 Uhr läutet ein Klausner im Portal eine Glocke. In der Uhr befindet sich ein Musikspielwerk mit einer Stiftwalze für sechs Melodien. Ist der Geldeinwurf bedient, ertönt z. B. die Mazurka aus Millöckers „Bettelstudent".

Gebaut von George Bähr, einem zugereisten, zuvor unbekannten Zimmermann. Eingestürzt am 15. Februar 1945, 202 Jahre nach der Vollendung und zwei Tage nach dem Bombeninferno. Aufs Neue errichtet und feierlich geweiht am 30. Oktober 2005. Die schwarzen Steine sind Originalstücke aus der Trümmermasse

Die Krone Dresdens. Hätte es die Frauenkirche nicht schon gegeben, man hätte sie erfinden müssen. Im 18. wie im 21. Jahrhundert aus der Kraft und dem Selbstbewusstsein des Bürgertums erstanden, ist das altneue protestantische Gotteshaus der Stolz aller Dresdner

Wie ein Mahnmal erhebt sich der Treppenturm D aus den Ruinen. Er kann später in den Neubau integriert werden

Text: Judka Strittmatter

Dem Himmel nah

Über der Baustelle, die mit ihren umlaufenden Gerüsten das Bild eines riesigen Käfigs bietet, liegt schützend ein großes Wetterdach. Im Spätsommer 2000 ist es, dem Baufortschritt angepasst, hydraulisch auf 40 Meter Höhe gehoben. Mit den Türmen der Altstadt sind die Bauleute fast auf Augenhöhe. Und rund um das Gerüst in der Mitte wachsen die Schalen der Innenkuppel

Dach der guten Hoffnung

Zimmerer haben das Lehrgerüst für die innere Kuppel im Januar 2003 fast fertig gestellt. Auf dieser Oberfläche kann nun gemauert werden. Sechs Monate später wird die Kuppel die nötige Festigkeit erreicht haben und sich durch ihre Form selbst tragen. Dann wird das Lehrgerüst vorsichtig abgesenkt und entfernt

Holz fordert heraus

Leichte und lichte Eleganz vermittelt der Blick hinunter auf die marmorierten Säulen und die Emporen mit ihren zart bemalten Brüstungen. Auch so kann Barock sein. Unten auf dem Boden ist 2004 noch das Bodenkreuz zu sehen, das früher den Raum zierte. Jetzt wird dort eine Fußbodenheizung installiert und dieser neuzeitliche Komfort danach mit Sandsteinplatten überdeckt

Göttliches Amphi-theater

In der Wölbung der Innenkuppel, 36 Meter hoch, entstehen 2002 die Bildnisse der vier Evangelisten neu. Der Hofmaler Giovanni Battista Grone hatte sie 1734 fertig gemalt

Es wird ihr Tag sein, alles sitzt: Schabracken, Rosetten und Pilaster. Und als hätte sie es geahnt, dass man selbst aus Yokohama und New York anreisen wird, um sich an ihr zu delektieren und ihr sacht über die neue Haut zu streichen, steht sie nun da – eine Schönheit in cremefarbener Robe. Sie darf das Haupt erhoben tragen: Beachtliche Herzensbildung ist ihr zu verdanken. Zwischen Ost- und Westdeutschen, Briten und Dresdnern, Ja- und Nein-Sagern. Am 30. Oktober 2005 wird sie zum zweiten Mal vermählt. Mit der Zukunft. Diesmal soll es für immer sein.

Je höher sie in den Himmel über Dresden wuchs, je öfter ihre Robe hinter dem eisernen Paravent hervorlugte und ihre Couturiers Schmuckstücke am Gewande applizierten – umso mehr machte sich Freude und Verzückung breit, aber auch Neid. Seitdem scheinen die schwarz-steinernen Granden links und rechts von ihr etwas düpiert. Lange Jahre waren sie die Stars am Elbufer, machten sie das Panorama aus, jetzt stiehlt die „Neue" ihnen eindeutig die Show. Hätte es sie nicht schon mal gegeben, flüstern Ergriffene aus aller Welt, man hätte sie erfinden müssen – eigens für diesen Platz. Wie konnte man in Dresden nur all die Jahre leben ohne sie?

Konnte man ja nicht, nicht gut auf jeden Fall. Die Alten vor allem. War ja immer ein Ziehen in der Herzgegend, wenn es am Trümmerberg vorbeiging oder mal wieder einer ihre Auferstehung beschwor. Selbst bei denen, die schon lange fort waren aus der Stadt, weg nach Amerika und weiter. War plötzlich alles wieder da – die Toten und die Bomben, das Inferno. 13. Februar 1945. Das Trauma dieser Kriegsnacht wirkte nach, in alle Winkel dieser Welt. Dresden vermisste ein Stück Seele.

Mitte der Neunziger, als sie dann doch emporwuchs, der Torso Form annahm, da stiegen immer wieder Tränen auf, in Umfragen und Interviews. Die Dresdner hatten lange selbst gezweifelt: Ein Kirchenbau aus Spenden? Klappt doch nie! So harsch war die Stimmung gegen das Bauvorhaben, dass selbst Frauenkirchen-Stiftungschef Eberhard Burger am Anfang noch befürchtete, „hier etwas Schlechtes anzugehen".

Dem war nicht so, der Sachse von der Elbe brauchte nur Zeit, sich zu gewöhnen. Eigentlich sind ihm Geschichte und Kultur ein Lebenselixier, und die Heimat alles. Wo bitte kriegt man 16 000 Menschen auf die Straße, nur weil sieben Kirchenglocken aus der Gießerei ankommen? Den Gewerkschaften vor Ort gelang das nicht, dem Kirchenbau am Neumarkt schon.

Wann immer ein Highlight im Bauplan der Kirche anstand – die Dresdner waren da, zu Tausenden.

Kleinste Details auf großen Flächen: Künstler Christoph Wetzel

Die Frauenkirche steht 1847 auf dem Gemälde von Robert Wehle in enger Nachbarschaft zu den Gebäuden des Neumarkts. Von diesen gibt es nur noch die damalige Gemäldegalerie mit der Freitreppe (das heutige Johanneum, Verkehrsmuseum). Die historische Kleinteiligkeit des Platzes ersteht jedoch bereits wieder. In vier „Quartieren" unmittelbar an der Kirche werden Neubauten u. a. mit Rekonstruktionen klassizistischer und Renaissance-Fassaden hochgezogen

Die Herzen in die Höhe

Wiederaufbau beschlossen. Der bis zu 13 Meter hohe Ruinenberg, 22 000 Kubikmeter sakrales Dresden, wird abgeräumt

Außenmauern bis auf 40 Meter hochgezogen. Vom sortierten und gelagerten Altmaterial können 43 Prozent wieder verwendet werden

Gestalt gewonnen fast bis zur „Steinernen Glocke". Das Wetterdach wurde im November auf 68 Meter Höhe angehoben

Laterne noch versteckt. Doch in 78 Meter Höhe ist der letzte Stein eingepasst worden. Fehlt nur noch die Haube mit dem Turmkreuz

Bewehrt mit Kamera und Taschentuch. Kein Preuße wird je weinen, sollte man das Stadtschloss wieder hochziehen in Berlin. Selbst die Leipziger – auch anders drauf. Schauen lieber nassforsch in die Zukunft als auf alte Zeiten. Hat den Dresdnern diese Liebe ihr starker August eingeimpft? Seine Residenzstadt, so gebot der Sachsenkönig, sollte Venedig an Liebreiz übertreffen. Er kam nah ran.

Eine Stadt hat ihren Mythos wieder. Verwundet in der Nacht vom 13. zum 14. Februar vor 60 Jahren, zusammengesackt zwei Tage später, wiederauferstanden 2005. Zu DDR-Zeiten ein Mahnmal. Denn eine Kirche wiederaufbauen im Arbeiter- und Bauernstaat? Wiederbeleben eine Insignie des überwundenen Bürgertums? Nicht mit den gottlosen Genossen. Zwinger und Semperoper – ja, Frauenkirche – nein. Ein Versuch, es doch zu tun, versickerte im Nachkriegschaos, Kirchensteine wurden am Elbufer verbaut oder von Engagierten, so genannten „Mumienräten", in Sicherheit gebracht. Egal: Das Leben hielt sich wacker dort im 13 Meter hohen Trümmerberg. Wären sonst die Birken am Nordwestturm so hoch geschossen? Und die Rosenhecken – in den Achtzigern als Bauzaun-Substitut gepflanzt – so wild gerankt? Die Sorte, rosa mit dunklem Laub, ist heute wieder lieferbar, der Stock für 25 Euro. Ihr Name: „Dresdner Frauenkirche".

Wenn das Gotteshaus nun ein zweites Mal dem Leben übergeben wird, werden auch die Briten da sein, deren Vorfahren damals die Bomben vom Himmel runterkippten. Einer von ihnen, Alan Smith, ist Schmied des neuen Kuppelkreuzes. Sein Credo: Wiedergutmachung. Smith' Vater bombte mit in jener Nacht, das plagte ihn noch Jahre später. Die Leittiere des Aufbaus, Ludwig Güttler und Eberhard Burger, sind grau geworden in 13 Jahren Schufterei. Der Tag der Weihe wird auch ihr Tag sein. Und Vorwürfe wie der zunehmender Eitelkeit proportional zum aufstrebenden Kirchenrumpf werden dann wegschwimmen wie Treibsand in der Elbe. Sie haben Großes hier geleistet. Stiftungsschef Burger bestand auf Spender und Dresdner bei diesem Weihe-Fest, nicht abgehalten werden sollten die von den Sicherheitssperren für Staatsoberhäupter. Um der Gerechtigkeit willen wurden die Plätze in der Kirche ausgelost. Es sind 1800.

Ein Hauptgesimsstein wird versetzt. Er ist Steinmetzarbeit, nicht maschinell gesägt

Auf quadratischem Grundriss von 42 x 42 Metern entstand zwischen 1726 und 1743 George Bährs Nachfolgekirche der maroden „Unsere Lieben Frauen" (Flächen in Orange: Altbaumaterial). Die acht Stützpfeiler wären aus statischer Sicht gar nicht mehr notwendig. Treppenhäuser verbinden die vierstöckigen Emporen. 4000 Menschen finden in der Frauenkirche Platz, es gibt sieben Eingänge aus fast allen Himmelsrichtungen. Den Wunsch Augusts des Starken nach einem repräsentativen Hauptportal wiesen die Bürger Dresdens damals zurück. Der zum Katholizismus konvertierte Kurfürst hatte ohnehin keinen Pfennig zum Bau der protestantischen Kirche beigesteuert

Stationen auf dem Weg nach oben

Der Altar, dessen zentrale Gestaltung Jesus am Ölberg zeigt, wurde 1993 in den Trümmern freigelegt. Der Engel war verloren gegangen

Wo sitzt der Bundespräsident, wer ist zuerst dran auf der Redeliste? Dann noch die Festakt-Durchgangsproben, mit Stoppuhr und Komparsen. Wie lange wird was dauern? Ansprachen, Orgelspiel, Applaus? 600 Journalisten sind akkreditiert, aus aller Welt, ganz dicht ran dürfen nur *ZDF* und *MDR.* Ob auch im Steigenberger – noch im Rohbau – TV-Stationen in Stellung gehen, ist topsecret. Strategisch günstig steht es ja.

Nie hat ein Bauwerk so die Massen umgetrieben, Manager und Kinder, Omas und Nobelpreisträger. 13 000 Unterstützer in 23 Ländern. Und Freundeskreise in der ganzen Welt. Sie gaben Geld, manche ihr Erbe, sie buken Brote mit Frauenkirchengrundriss. Und brachten fast zwei Drittel Aufbaukosten auf, mehr als 100 Millionen Euro.

Ernst Hirsch, Jahrgang 1936, Zeitzeuge und Dresdner Langzeit-Dokumentar der Aufbauarbeiten, klaubte als junger Mann ein Weintraubenrelief mit Goldresten vom Trümmerberg – zu Baubeginn brachte

Nur kurze Zeit vor der Zerstörung, 1938-43, war die Frauenkirche umfassend saniert worden. Der beteiligte Architekt Arno Kiesling fertigte eine maßstabsgebundene Zeichnung an, die, vom Maler und Restaurator Willi Trede koloriert, Grundlage für die gesamte Aufbauplanung war. Außer einigen Originalentwürfen George Bährs aus dem 18. Jahrhundert gab es sonst kein Material. Die Kiesling-Zeichnung war auch nützlich für die für den Wiederaufbau wichtigen Computersimulationen

Glaube Liebe Hoffnung

er es wieder. Jetzt schweift, wann immer er den Innenraum der Kirche betreten wird, sein Blick hoch an die rechte Ecke des Altars – da hängt das Stück mit einer neuen Haut aus Gold.

Die Bauarbeiten – manchmal Märchen, meistens Krimi. Und Recycling-Großprojekt: 43 Prozent der alten Steine wurden dem Neubau transplantiert. Bei den Räumungsarbeiten förderten Enttrümmerer auch Unerwartetes zu Tage: Neben Begehrlichkeiten wie altem Kuppelkreuz, Christusfigur und Grabstatt des ersten Kirchenbaumeisters George Bähr auch Filmrollen des Reichsluftfahrtministeriums und – mit komplettem Inhalt – die Besenkammer der Kirchen-Zugehfrau. Teppichklopfer, Luntenhalter, Schrubber, Scheuerlappen – alles da und bestens konserviert. Selbst ihre Schuhe. Ein Einsatzort für deutsche, vor allem einheimische Firmen, war die Baustelle am Neumarkt, ein Einmaligkeitsprojekt für Tischler, Schweißer, Zimmermänner. Manch einer kann noch nicht glauben, dass nun Schluss ist.

„Die Kürsche wor een Schmäckerschen", resümiert man melancholisch. Väter und Söhne schreinerten und restaurierten hier gemeinsam und häuften so Erzählstoff fürs Familienalbum an. Neben sinnlichen Details (Gestühl aus Tannenholz, Innenraum-Farbe aus Firnis, Eidotter und Leinöl), sickerten auch kuriose ins neugierige Publikum: ein Klohäuschen am Kuppelrund für höhenmutige Bauarbeiter musste befestigt werden (temporär), und eine „Taubenvergrämungsanlage" (stationär) an Fensterbänken und Gesimse. Taubenkot und Wasser – in ihrer Allianz die Ätzkraft von Salzsäure besitzend – sollen der Schönen nicht die jungfräuliche Haut versauen.

Nicht immer flutschte es am Bau wie auf dem Spendenkonto: In 13 Jahren gab's auch Hin und Her. Kuppel- und Orgelstreit, Sandstein statt Beton, modifizierte Orgel statt Silbermann-Kopie. Dann klangen noch die ersten Glocken schief im Ton, zu opulent der Zierrat auf der Glockenhaut, sie mussten neu gegossen werden. Bei allem behielt die Oberhand:

Der aus etwa 2000 Bruchstücken komplett restaurierte Altar mit dem wieder erstandenen herabschwebenden Engel

Baudirektor Burger. Auch der Altar, herausgeschält aus den Ruinen, generierte einen Meinungsstreit: Als Mahnmal belassen oder restaurieren? Er wurde wiederhergestellt.

Allezeit zum Mitreden bereit: der Bürger. Schließlich ist und war es seine Kirche, schon beim ersten Mal. Auch zwischen 1726 und 1743 brachte er das meiste Geld auf für das Gotteshaus. Also wenn schon Wiederaufbau, bitte richtig. Müssen Fahrstuhl, Toiletten und Garderobe sein? Wird das Ganze dadurch nicht zu museal? In den Lokalzeitungen kriegt über die Jahre jedes Frauenkirchen-Fitzelchen seinen Raum. Zeitzeugen werden vernommen, ihre Hochzeitsfotos mit Frauenkirche abgedruckt. „Steinpaten" finden ein Forum für ihre Euphorie genau wie Trümmerfrauen, die sauer sind: Nicht alle Bomben-Betroffenen und Aufbau-Involvierten werden einen Platz im Kirchenschiff zur Weihe finden. Wo Licht ist, ist auch Schatten.

Anfang des Jahres noch was: Der Aufstieg in die Kuppel schien bedroht. Zu viele Besucher traten ihn mit Schlappen an – Rutschgefahr beträchtlich. Weil trotz Ermahnung auf der Stiftungs-Website weiterhin Leute ohne festes Schuhwerk erscheinen, hat man jetzt „Riemchen" angeschafft, eine Sonderanfertigung extra fürs Frauenkirchen-Publikum. Patente Kirchenführer sind mit dem Fußhalfter behilflich. Der Blick dann von der Aussichtsplattform – eine Wucht. Und nicht mehr, wie zu DDR-Zeiten, getrübt von Nebelschwaden anrainender Chemie. Die Elbe sauber, die Luft klar – wann konnte man denn früher die Sächsische Schweiz erspähen?

In der Frauenkirchen-Galerie gleich nebenan liegen nicht Cents im Spen-

Am Ende eines Auftrags. Für viele der Handwerker war die Frauenkirche zu einer Lebensaufgabe geworden. Also feiern!

Chronik des größten Kirchenbaus in Europa

Fünfzehn Jahre dauerte es, bis nach dem „Ruf aus Dresden" einer Bürgerinitiative die Frauenkirche aus Ruinen komplett neu erstand.

1990 Gründung der Gesellschaft zur Förderung des Wiederaufbaus der Frauenkirche.
1991 Die Synode der ev.-luth. Landeskirche entscheidet sich für den Wiederaufbau. Gründung der Stiftung Frauenkirche.
1992 Die Versammlung der Dresdner Stadtverordneten stimmt dem Wiederaufbau zu.
1993 Beginn der „archäologischen Enttrümmerung", Bergung u. a. des Turmkreuzes und des Altars. Weihnachtsvesper mit 50 000 Menschen auf dem Platz vor der Ruine.
1994 Das Grabmal George Bährs wird gefunden. 105 000 Steine, davon 8390 Außenmauersteine, werden katalogisiert und in Regalen gestapelt. Freilegung von Gewölben, Beginn des Wiederaufbaus.
1996 Konzert für die Bauarbeiter im historischen Keller mit dem Blechbläserensemble Ludwig Güttler und dem Organisten Friedrich Kircheis. Das Wetterschutzdach mit hydraulischer Steigetechnik wird installiert. Weihe der Unterkirche (historischer Keller).
1997 Beginn der Errichtung der acht Innenpfeiler.
1998 Hebung des Schutzdaches auf 33 m, die Außenmauern erreichen 20 m Höhe und damit das Hauptgesims. Die Frauenkirche ist im Stadtbild wieder wahrzunehmen.
1999 Der Ersatz von Turmdrehtürmen durch Brückenkräne drei Jahre zuvor und das Wetterschutzdach waren eine richtige Entscheidung: Der Neubau ist der Planung um etwa neun Monate voraus. Die Kirche soll jetzt statt im Herbst 2006 ein Jahr früher fertig werden.
2000 Der Herzog von Kent übergibt das vom britischen Dresden Trust gestiftete Kuppelkreuz an den Landesbischof. Hebung des Schutzdaches auf 44 m Höhe.
2001 Der Bau der 10 m hohen Innenkuppel ist vollendet. Die Kirche hat 38 m Höhe erreicht, der Choranbau 34 m. Der Innenausbau beginnt.
2002 Hebung des Wetterschutzdaches auf 58 m Höhe. Baubeginn an der „Steinernen Glocke", der Kuppel. Das August-Hochwasser dringt auch in die Frauenkirche ein, der Schaden bleibt aber gering. Die Unterkirche wird ausgestaltet zu einem späteren „Raum der Stille". Weitere Hebung des Schutzdaches: jetzt auf 68 m Höhe.
2003 Beim großen Glockenfest auf dem Schlossplatz werden die sieben neuen Glocken vor 120 000 Menschen präsentiert und geweiht. Das Lehrgerüst für die Kuppel ist abgebaut, sie trägt sich nun selbst. Am Pfingstsamstag ertönt erstmals das Geläut aus den sieben neuen Glocken und der alten Glocke von 1518. Im September sind die Außengerüste abgebaut. Die „Steinerne Glocke" ist nun ganz sichtbar.

Eberhard Burger, Baudirektor und Vorsitzender der Stiftung Frauenkirche Dresden e.V.

2004 Setzung des Schlusssteins in der Laterne. Der äußere Aufbau ist abgeschlossen, die Innenausbauten dauern bis
2005 Am 30. Oktober wird die Frauenkirche feierlich geweiht

Zum Abschluss die Krönung. Die 38 Tonnen schwere Kupferhaube mit dem Strahlenkreuz wird im Juni 2004 hochgezogen und auf die Laterne gesetzt

denkasten, sondern Scheine. Und Nippes sieht man kaum, alles edel, alles teuer. Seidentücher, kreiert von der Ex-First-Lady Biedenkopf, Zinnteller, Radierungen, feine Gesangbücher im Schuber. Die Merchandising-Maschinerei rattert bis heute. Größter Clou über die Jahre: Die Uhren mit einem 0,04-Gramm-Frauenkirchen-Sandsteinkrümel. 17 Editionen, alle gut verkauft. Und sichtbar an Handgelenken in der ganzen Welt und bei den Stiftungsvorderen.

Gänzlich zu klären wird nach der Weihe noch die Frage sein: Wie sieht der Kirchen-Alltag aus? Wird sich eine Gemeinde etablieren? Kann man mitten im Touristenrummel andachtsvoll den Gottesdienst abhalten? Hochzeiten und Taufen sind nun wieder möglich, schon jetzt stehen die Telefone im Pfarramt nicht mehr still. Und weil Versöhnung das große Karma dieser Kirche ist, offerierte Ludwig Güttler kürzlich dies: Hier könnten sich doch Israelis und Palästinenser treffen, Zerstrittene, Kriegsgegner, Kombattanten. Dresden und seine Frauenkirche als Head Office der Friedensbewegung dieser Welt. Inklusive musischer Grundversorgung, die ist natürlich Pflichtprogramm: Orgelandachten, Sonntagsmusiken, Matinees.

„Da ist eine Stimmung, der man sich nur schwer entziehen kann. Eine Heiterkeit. Ein Leuchten", sinnierte vor einem Jahr die *Sächsische Zeitung* mit Blick auf Dresdens Neue. Der Sachse von der Elbe – so ist anzunehmen – würde es anders sagen, griffiger. So wie jene alte Dame, die 2000 dem *MDR* im unfertigen Kirchenschiff Rede und Anwort stand. Nach einem Konzert seufzte sie tief und innig: „Endlich zu Hause!" Ihr Blick ging dabei hoch ins Kuppelrund. Ganz ohne Tränen. □

Judka Strittmatter *ist Mitglied des Journalistenbüros* Schön & Gut *in Berlin. Sie kannte die Frauenkirche nur als Trümmerberg. Umso mehr ist sie heute ein Fan der Wiederaufgebauten. Und der Dresdner Bürger: Deren Verbundenheit zur Kirche beeindruckte sie sehr.*

Ein anrührender Moment: Die ersten geweihten Glocken werden am 2. Mai 2003 in den Glockenstuhl der Frauenkirche hinaufgezogen. Bei sechsen war ein zweiter Guss erforderlich gewesen, weil es Beeinträchtigungen im Klangbild gegeben hatte

Wer die Pracht der Inneren **Neustadt** genossen hat, glaubt sich gern am Ende der Dresdner Inszenierungen. Weit gefehlt. Hinter dem bürgerlichen Auftritt wartet das **Panoptikum** der **Punks**

Text: Franziska Gerstenberg, Fotos: Bernd Cramer

DIE SZENE

DER SZENEN

TOTAL IN: DIE ÄUSSERE NEUSTADT

Die Hauptstraße der Inneren Neustadt ist ein Salon, sie führt in die Äußere Neustadt, den fröhlichen Hinterhof Dresdens

Rumhängen oder kreatives Sitzen? Junge Leute in der Görlitzer Straße (oben)

Blech oder Kunst? Das Regenwasserspiel an der Kunsthofpassage (unten)

Wahlkampf 2005. Auf der Alaunstraße sehe ich das Plakat zum ersten Mal. Ein grinsender Milchbart mit Topffrisur und Brille, darüber die Frage: „Warum wollen eigentlich alle mehr Arbeit?" Ganz unten ein Kreuzchen neben dem Spruch „Nur Lolli bringt's". Die Polizei diagnostiziert eine Straftat, weil Parteiplakate überklebt wurden, die Zeitungen rätseln an Lollis Identität herum.

Schon zu DDR-Zeiten versammelten sich im lebendigsten Dresdner Viertel die Künstler und Aussteiger. Die Wende kam gerade noch rechtzeitig, ein Teil der maroden Bausubstanz war bereits zum Abriss freigegeben. Die Äußere Neustadt wurde Dresdens erstes Sanierungsgebiet, und heute strahlen die meisten Häuser wieder im einstigen Glanz: klassizistische Fassaden und Jugendstil, auch noch ältere Häuser sind erhalten geblieben.

Die Äußere Neustadt lernt am besten kennen, wer sich Zeit nimmt, Augen und Ohren aufsperrt, die kleinen Wege

AUSSTEIGER? NEIN HIER LEBEN BALKONBEGRÜNER UND WELTVERBESSERER

geht. Das Kerngebiet erstreckt sich zwischen der murmelnden Prießnitz, der Bautzner und der Königsbrücker Straße, nördlich wird es vom Bischofsweg begrenzt. In den Hofdurchgängen und Treppenhäusern sind farbige Deckenmalereien und Stuck erhalten geblieben, und mancher Hinterhof entpuppt sich als dörfliches Idyll.

Das Viertel schafft den Spagat zwischen den Prachtbauten und dem bunten Leben, das sich heute in und zwischen ihnen abspielt. Von Fenstern und Balkons hängen bemalte Bettlaken. Wirklich jedes Haus ist mit Graffiti bedeckt, die Kreativeren schneiden Figuren und Blumen aus und kleben sie an die Fassaden und Holztüren. Von einer Hauswand linst eine papierne Überwachungskamera.

Ein Kneipenviertel, sagen die einen, ein Szeneviertel, die anderen. Detlef Pflugk von der Interessengemeinschaft Äußere Neustadt hebt abwehrend die Hände. Wenn schon, sagt er, dann ein Szenenviertel. Und wirklich: Hier haben alle Platz. Auf einen reichlichen Quadratkilometer verteilen sich 12 000 Balkonbegrüner und Weltverbesserer, Freunde durchsoffener Nächte, Anarchisten und Yuppies, junge Familien, die Punks vor dem Supermarkt, und hier und da eine ältere Dame mit Hund. Die Bandbreite der Lokale reicht vom Wohnzimmercafé, in dem es keine zwei gleichen Tassen gibt, bis zur durchgestylten Bar. Die Geschäfte bieten von Hanfbriefpapier über Strickjacken mit Totenkopfmuster bis zu teuren Designerturnschuhen

Drama oder Lustspiel? Theater in der St.-Pauli-Ruine im Hechtviertel

alles an, was das Herz begehrt. Zwar werden die Räume der Improvisation kleiner, aber es gibt sie noch.

Auf der Königsbrücker Straße kommt mir ein Mann im Schottenrock entgegen, an der Hand ein kleines Mädchen, beide suchen sie barfuß ihren Weg zwischen ein paar Glasscherben. Neulich wurde ein Punk gesehen, der seinem einjährigen Baby einen blauen Irokesenschnitt verpasst hatte. Über die Äußere Neustadt weiß jeder eine Geschichte zu erzählen, und wenn es die von dem Mann ist, der im Handstand Fahrrad fuhr. Über einem Tattoo & Piercing Shop verrät ein Schild: Ja – es tut weh!

Wer hier wohnt, hat kein Kommunikationsproblem. Bürgerengagement wird groß geschrieben, man kennt sich untereinander, fühlt sich für sein Viertel verantwortlich und informiert sich entsprechend. Als Pläne für ein Parkhaus in der Kamenzer Straße bekannt werden, gründet sich sofort eine Bürgerinitiative. An einer Hauswand prangt seitdem „Spielen statt Parken", darunter kleben die Köpfe und Namen der Stadträte, die für den Bau gestimmt haben. Und all das geschieht immer einen Tick lauter als anderswo, einen Tick überdrehter, und jede Initiative beschwört ihre Gegeninitiative herauf.

Eine Zentrale für Initiativen, Vereine und soziale Projekte bildet das Stadtteilhaus in der Prießnitzstraße. Hier wird bei Fragen zum Viertel gern weitergeholfen, und wenn der Kopf dann voll ist, der Bauch aber leer, steigt man in den

Bunter essen: mexikanisches Restaurant in der Louisenstrasse

Gut gepinselt: Wohngemeinschaft mit Motto im Bischofsweg (oben)

Keine zwei gleichen Tassen: Café Leonardo im Hechtviertel (unten)

Keller hinunter und isst sich im Oosteinde an internationalen Spezialitäten satt. Im Sommer sitzen die Gäste draußen an langen Holztischen mit Blick auf die Priesnitz und murkelige Kleingärten.

Der weitläufige Alaunpark wird zur Oase in einem Stadtteil, der sonst nicht viel Grün bietet. In einem Vorgarten in der Prießnitzstraße entdecke ich Hopfen, und in der Pulsnitzer Straße schaue ich durchs Gittertor auf den schattigen Alten Jüdischen Friedhof, den ältesten erhalten gebliebenen in Sachsen. Die Äußere Neustadt braucht diese Ruhepunkte, denn mehr als andere Dresdner Viertel wird sie als Insel begriffen, als Kiez, aus dem sich mancher Bewohner wochenlang nicht herausbewegt. Warum auch, es ist ja alles da. Das historische Nordbad nennen die Neustädter ihre Badewanne, den Abenteuerspielplatz Panama ihren Zoo. Hier können kleine Stadtindianer Schäfchen, Ziegen und Meerschweinchen streicheln, sich zwischen selbstgezimmerter Hütte, Panjewagen und kuscheltierbesetztem Kletterbaum austoben.

RUHIG WOHNEN? NEIN HIER IST ALLES EINEN TICK LAUTER

Innere Neustadt: im Garten des Kügelgenhauses

Innere Neustadt: leckere Auslagen in der restaurierten Markthalle

Dennoch dreht die Welt der Inneren Neustadt den Rücken: Die Äußere bringt's

An Ideen ist das Viertel reich, Kunst und Kultur warten an jeder Straßenecke. Das Geschehen reicht von etablierten Häusern wie der Galerie Gebrüder Lehmann in der Görlitzer Straße bis zur kleinen Werkstatt im Hinterhof, Schmuckgestalter finden sich neben Modeateliers wieder. Das Projekttheater hat über Jahre Impulse in die Dresdner Theaterlandschaft ausgestrahlt, in der Blauen Fabrik gibt es neben Ausstellungen auch Tanz und Musik zu erleben. Mit der Kunsthofpassage Zwischen der Alaunstraße und der Görlitzer Straße wurde ein Ensemble von Themenhöfen geschaffen, an einer der bunten Hauswände bewundere ich das Regenwasserspiel, eine komplizierte Trichteranlage, die mir das Nass direkt vor die Füße spuckt.

Nach Einbruch der Dunkelheit beginnt ein übermütiges Straßenleben, Gruppen sind unterwegs zwischen diesem und jenem Klub, dieser und jener Kneipe. Gehen wir nachher tanzen in Katy's Garage, essen wir noch eine Schale Jägertopf in der Suppenbar? Oder trinken wir was im Hebedas, zwischen roten Lampen und plüschbezogenen Stühlen? Zebraplüsch, der Tresen stammt noch aus DDR-Zeiten. Vor den Spätshops, die Spätschicht oder Holfix heißen, bilden sich Trauben von Leuten, die lieber direkt aus der Flasche und gleich auf der Straße trinken. Und ab und zu rutscht jemand aus, ruft: Scheiße!, und darum handelt es sich dann auch. Dabei hat der Abend erst angefangen.

Übrigens: Wer Lolli ist, wird mir klar, als ich in der Görlitzer Straße das Hostel Lollis Homestay entdecke. Presse und Polizei brauchen länger, bis der Groschen fällt. Und die Neustadtbewohner? Wussten die ganze Zeit Bescheid. □

Franziska Gerstenberg *ist gebürtige Dresdnerin. Es zog und zieht sie immer wieder vor allem in die Äußere Neustadt.* **Bernd Cramer,** *Fotograf, hat sich gern umgesehen in Dresden, mit dem seine Heimatstadt Leipzig manchmal rivalisiert.*

MERIAN | TIPP Neustadt

ESSEN

Oosteinde Prießnitzstr. 18
Tel. 802 36 22, tgl. ab 18, So ab 10 Uhr, www.oosteinde.de
Die Kneipe im Stadtteilhaus. Kleine, aber extrem leckere Karte.

El Perro Borracho
Alaunstr. 70, Tel. 803 67 23
Mo-Fr 11-1, Sa/So 10-1 Uhr
Spanische Spezialitäten im Kunsthof, Tapas-Bar.

Suppenbar Rothenburger Str. 37, Tel. 810 71 30
Mo-Fr 11.30-22 Uhr
Sa 11.30-16 Uhr Suppen- und Eintopfangebot zwischen deftig und exotisch.

CAFÉS, BARS

Hebedas Rothenburger Str. 30
Tel. 895 10 10, tgl. 19.30 Uhr open end, Fr/Sa Tanz
Billard und Bier, gemütlich und verraucht.

Combo Louisenstr. 66
In weißen Plastiksesseln mit roten Kissen abhängen.

TANZEN

Katy's Garage
Alaunstr. 48, Tel. 810 39 23
Von Kriegerbeatz bis Älternabend – jeden Tag Programm.

UNTERKUNFT

Mondpalast Louisenstr. 77
Tel. 563 40 50
www.mondpalast.de
Preiswertes Hostel im Herzen der Neustadt.

FÜHRUNG

Igeltour Dresden Pulsnitzer Str. 10, Tel. 804 45 57/545
www.igeltour-dresden.de
Vorträge und Führungen jenseits der ausgetretenen Pfade.

Mein Sohn war ein Zylinderkolben.
Alle Automobilbegeisterten, die auch mal ein Zylinderkolben sein wollen, müssen wir leider enttäuschen. Das können in der Autostadt in Wolfsburg nur Kinder. Erwachsene können wir zu Treibstoffforschern, Stuntmen und Autodesignern machen. Aber das wird mit Sicherheit auch gefallen. Allen, die mehr über Typveränderung in der Autostadt wissen wollen, helfen wir gerne unter 0800 288 678 238 oder www.autostadt.de.
Machen Sie sich einen schönen Tag.
Menschen, Autos und was sie bewegt
AUTOSTADT
GRABARZ & PARTNER

Mit Schwung um die Ecken

Das junge Jahrhundert hat in Dresden allerorten Zeichen gesetzt. MERIAN präsentiert markante Beispiele moderner Architektur, von Baumeistern geschaffen, die sich durch barocke Übermacht nicht einschüchtern ließen

Fotos: Sabine Wenzel

Kongresszentrum

Den Schwung der Elbe hat der stromabwärts vom Landtag errichtete Bau aus Glas, Stahl und Beton aufgenommen und die Fotografin die Wirkung spiegelbildlich verdoppelt. Gegenläufig zum Fluss fällt sacht die breite Flanierrampe ab. Unterschiedlich hohe gläserne Kuben stehen im Weg, nachts leuchten sie von innen. Die Schräge endet an der weiten Freitreppe, aus der sich zur Stütze des weit vorkragenden Daches wie Mikadostäbe stählerne Säulen emporrecken. Grau ist diese Architektur, die Treppen sind grau, alles. Monoton, abweisend gar wirkt das jedoch keinesfalls. Das Licht spielt zu jeder Tageszeit mit dieser Modefarbe der Moderne. **Internationales Congress Center Dresden (ICCD); Architekten: Hinrich Storch, Walter Ehlers + Partner, Hannover; Bauzeit 2001–2004**

B i b l i o t h e k

Zwei gegenüberliegende travertinverkleidete Blöcke mit Fensterschlitzen wie Strichcodes – oder sind es sinnbildlich Bücher? – stellen die oberirdischen Bauteile der Bibliothek auf dem Campus der Technischen Universität dar. Dazwischen geht es dreistöckig in die Tiefe. Zentral liegt der große Lese- und Laptop-Saal. Er bekommt Licht durch das in die Grasnarbe eingepasste Glasdach. Still ist es an den Studiertresen. Dafür sorgt die Wandverkleidung aus Faserplatten. Auch in sie sind Strichcodes eingelassen, als Schmuck und Geräuscheschlucker. **Sächsische Landesbibliothek – Staats- und Universitätsbibliothek Dresden; Architekten: Ortner & Ortner, Wien; 2003 eröffnet**

Synagoge

Leicht verdreht wie ein Stapel CDs ist der 24 Meter hohe Würfel. Hinter den Platanen prangt über dem Eingangstor des fensterlosen Baus ein vergoldeter Davidsstern. Ein Feuerwehrmann hatte ihn in der Pogromnacht am 9. November 1938 als einziges Stück der alten Synagoge gerettet. An sie, das neoromanische Werk des Opernarchitekten Gottfried Semper von 1840, erinnert auch die in den Hof eingelassene Grundrisslinie. Dem Sakralhaus an der Carolabrücke gegenüber steht das Gemeindezentrum der heute wieder 6000 Juden der Stadt. Das Ensemble wurde 2002 mit einem World Architecture Award ausgezeichnet. **Neue Synagoge; Architekten: Wandel Hoefer Lorch + Hirsch, Saarbrücken; feierliche Weihe am 9. November 2001**

Hauptbahnhof

Am Ende des 19. Jahrhunderts entstand die dreischiffige Stahlbogenhalle, ein Höhepunkt damaliger Ingenieurstechnik. Ihr setzt der britische Baumeister Norman Foster eins drauf: Er überspannt den Dresdner Hauptbahnhof mit einer weißen Membran, kaum einen Millimeter dünn. Das reißfeste Gewebe lässt je nach Sonneneinfall unterschiedliche Anteile vom Spektrum des Lichts hindurch. Und: Das Teflon-Material reinigt sich selber. Norman Foster plante, das Zeltdach in U-Form auch über den Bahnhofsvorplatz zu ziehen, doch das strich der Rotstift der Bahn. **Hauptbahnhof; Architekten: Foster and Partners, Großbritannien; Baubeginn 2001**

Max-Planck-Institut

Eine hohe Glaswand und ihr Vorgesetzter, ein knallblauer Gitter-Parasol, ragen über Dresdens Pfotenhauerstraße auf. Nur einen einzigen, von Segeln überspannten Eingang hat das Institut der Zellforscher – einen für alle, das ist sinnbildlich zu verstehen. Hinter der Drehtür tut sich eine Halle bis unters Dach auf. Zentral: der transparente Turm, in dem sich die Treppen wie eine DNS-Spirale vier Stockwerke zu den Labors und Büros der Wissenschaftler aus mehr als drei Dutzend Ländern hinaufwendeln.
Max-Planck-Institut für Molekulare Zellbiologie und Genetik; Architekten: Mikko Heikkinen, Markku Komonen (Finnland) und Architekturbüro Gunter Henn (München), Fertigstellung 2001

Die Dresdner sind stolz, zur „Stadt der Wissenschaften 2006" gekürt worden zu sein. Hochkarätige Wissenschaftler forschen an der Elbe. Am meisten hat es ihnen die große Welt der allerkleinsten Dinge angetan

Im Reich

Karoline heißt das Monsterchen. Wie erstarrt sitzt die kleine Salamanderin mit den geweihartigen Kiemen in ihrer blauen Plastikschüssel auf dem Labortisch. Ihre Vorfahren kommen aus Mexiko. Karoline ist ein Axolotl, wohnhaft im Dresdner Max-Planck-Institut für Molekulare Zellbiologie und Genetik.

Was zum Teufel hat die kleine Querzahnmolchin an einem Forschungsinstitut verloren, in dem Wissenschaftler aus drei Dutzend Nationen den Mikrokosmos Zelle erforschen?

Axolotl können ihren Schwanz nachwachsen lassen, wenn er ihnen vor Schreck oder nach der Attacke eines Feindes verloren gegangen ist. Da gibt es Zellen, die sich in den urwüchsigen Zustand zurückverwandeln können und erneut zu Blut-, Nerven-, Haut- und Muskelzellen werden – einem neuen Schwanz. Was bei diesem Prozess biochemisch so alles in Gang gesetzt wird und aufeinander wirkt, ist hochkompliziert und erst in Ansätzen durchschaut.

Der Mensch hat in seiner Evolution Erneuerungsfähigkeiten wie die eines Axolotls eingebüßt. Vielleicht sind sie wiederzubeleben – vorausgesetzt, die Forscher ergründen erst einmal die physiologischen Zauberkünste, durch die der mexikanische Tümpelbewohner sie zum Staunen bringt. Das Ziel auf diesem noch sehr langen Weg sind so genannte regenerative Therapien: Der menschliche Körper könnte zum Beispiel dazu gebracht werden, sich ein neues Herz zu erschaffen oder eine neue Bandscheibe. Das wären sensationelle Forschungserfolge, von denen sich derzeit nur träumen lässt.

Ein Etappensieg aber ist am 2. September 2005 in einem ganz anderen Rennen errungen worden: Dresden, seine Technische Universität, die Molekularbiologen und Genetiker des Max-Planck-Instituts sowie weitere Labors und Spezialfirmen haben bei einem bundesweiten Wettbewerb den Preis gewonnen, gemeinsam Forschungsschwerpunkt für „Regenerative Therapien" zu sein. Die Auszeichnung bringt binnen zwölf Jahren rund 60 Millionen Euro in die Laborkassen.

An jenem Verkündigungstag, einem Freitag, wurden bei den Max-Planck-Forschern die Reagenzgläser besonders weit beiseite geschoben und die Tassen hochgehalten. Was sonst immer ab 17 Uhr als Absacker zum Wochenende stattfindet, war diesmal eine spontane Jubelsause anlässlich des warmen Geldregens. Rund um den Treppenturm in Gestalt einer vier Stockwerke hohen DNS-Spirale herrschte Hochstimmung.

Das Genom des Menschen, die Summe seiner Erbanlagen, war im Jahr 2001 nach einem dramatischen Forschungswettlauf zwischen Amerika und Europa weitgehend entschlüsselt, die Tat als Triumph der Menschheit gefeiert worden. Zeitgleich hatten die Max-Planck-Wissenschaftler ihr neues Domizil an der Pfotenhauerstraße bezogen. Sie sprechen vom „postgenomischen Zeitalter", in dem sie sich befinden, genau wissend, welche gigantischen Aufgaben ihnen nach der Erfassung des Erbgutes bevorstehen. Da treibt sie etwa der Fadenwurm Caenorhabditis elegans um mit seinen „bescheidenen" 19000 Genen. Die kann man nun – eines nach dem anderen – ausschalten, um zu sehen, was passiert. Ein Ergebnis langer Mühen: die Erkenntnis, dass etwa 600 Gene die allererste Zellteilung steuern. Und was man noch alles ausprobieren kann? Die Liste möglicher Experimente ist endlos.

Wie spielt sich die Zellvermehrung ab und warum gerät in Krebszellen dieser Prozess außer Kontrolle? Wie spezialisieren sich Zellen im Lauf der Entwicklung eines Lebewesens und können nur noch eines, obwohl sie als Stammzellen ursprünglich zu allem fähig waren? Wie schließen sie sich zu Geweben und Organismen zusammen? Wie funktioniert die Produktion von Nährstoffen in ihnen, wie gelangt anfallender Biomüll aus ihnen heraus? Warum passiert es, dass diese Entsorgung blockiert ist und etwa in Gehirnzellen die Alzheimersche Krankheit provoziert?

Fragen ohne Zahl. Oft dauert es Jahre, bis eine einzige beantwortet ist. Forscher sind Geduldsakrobaten. Wie Stefan Diez mit seinem Team, das sich mit molekularen Motoren beschäftigt. Wenn sein Doktorand Bert Nitzsche, bekennender Dresdner wie Diez, über diese Lastesel in den Zellen referiert, die gerade mal ein paar Nanometer (milliardstel Meter) klein sind, klingt das spannend und nach großem Abenteuer.

So läuft die Simulation auf dem Bildschirm ab: Vehikel, gebaut aus je einem Molekül des Proteins Kinesin,

der Riesenzwerge

Text: Peter Mayer

sehen aus wie ein verdrillter Strang mit zwei dicken Enden. Kriegen sie Treibstoff, legen sie spontan los und bewegen mit ihren Enden einen Transporter, pro Sekunde hundertmal um je acht Nanometer. Treibstoff? Dazu wird Adenosintriphosphat (ATP) in den Tank gefüllt. Bei jedem Schritt wird ein Molekül ATP verbraucht.

Mikrotubulus nennen die Forscher den Transporter. Er wird von Motor zu Motor getragen. Und dieser winzigen Röhre lässt sich Fracht aufpacken. Neurotransmitter etwa gelangen so an ihren Einsatzort. Die Motorenkolonnen sorgen aber auch für die Bewegung von Spermienschwänzen oder Lungenhärchen. „Man muss sich das so vorstellen, als werde ein Sarg von vielen Händen über die Köpfe einer Menschenmenge hinweggetragen", sagt Bert Nitzsche.

Unter den molekularen Motoren gibt es Runner und Walker, und außer Kinesin sind auch andere Proteine im Einsatz. Ziel der Forscher ist es, die Renner und die Geher beherrschen zu lernen, ihr Tempo, ihre Richtung; sie auf künstliche Schienen zu setzen, sie abzubremsen und wieder losfahren lassen zu können. Die Evolution hat diesem Transportsystem zu allerhöchstem Wirkungsgrad verholfen: Die aufgewendete chemische Energie leistet direkt mechanische Arbeit, keine Wärme entsteht, kein Verlust.

Die Fähigkeit eines Axolotls, verlorene Glieder nachwachsen zu lassen, macht ihn begehrt für die Forscher am Max-Planck-Institut. Stefan Diez untersucht, wie winzige Motoren in Zellen arbeiten

Stefan Diez hat einen Traum: „Wir lassen Motorproteine als winzige Roboter arbeiten, und sie bauen uns Schaltkreise im Nanoformat."

Stichwort Nano. Das griechische Wort nanos für Zwerg hat einer Forschung den Namen gegeben, die sich rasant entwickelt. Ihr gehört die Zukunft und Dresden ist ihre Hauptstadt. An der Elbe entsteht ein Reich, in dem Zwerge von nur wenigen milliardstel Meter Gardemaß regieren (zum Vergleich: der Durchmesser eines Menschenhaars misst 50 000 Nanometer). Hier sind rund 80 von 450 deutschen Unternehmen der Nanotechnologie zu Hause, Firmenriesen wie Start-ups mit drei Mann. Hinzu kommen etwa 50 Institute, von denen aus die Welt der Winzigkeit erobert wird.

Jüngster Fanfarenstoß in der Nanometropole: Ende Mai 2005 wurde das Fraunhofer-Center Nanoelektronische Technologien (CNT) eröffnet, ein Gemeinschaftswerk der Fraunhofer-Gesellschaft, Infineon Technologies und des Chipherstellers Advanced Micro Devices (AMD). Ehrgeiziges Ziel dieser Kooperation: die Strukturen von Halbleitern kleiner zu machen als weltrekorderobernde 50 Nanometer.

Nanoelektronik, Nanochemie, Nanobiotechnologie, Nanofabrikation, Nanoanalytik, alles läuft in Dresden: Man packt Nanopartikel für mehr Grip und weniger Verschleiß in Autoreifen – und in Autolacke, damit sie sich nicht mehr zerkratzen lassen. Man überzieht Armaturen mit Nanofolien, damit sie nicht blenden. Vielfältig sind inzwischen die Kunststücke, Werkstoffe durch Nanozutaten so auszurüsten, dass sie kaum noch zerbrechen oder dass sie leitfähig werden. Man bringt Nanorobotern bei, ein Medikament zielgenau an einen Einsatzort im Körper zu frachten, etwa bei der Krebstherapie zur Bekämpfung eines Tumors. Künstliche Hüften werden mit speziellen Nanopartikeln so präpariert, dass sich ihnen der Körper nicht mehr widersetzt.

Revolutionierende Techniken, verblüffende Tests, mutige Träume. Was Wunder, dass Dresden im Frühjahr 2005 den Titel „Stadt der Wissenschaften 2006" gewann. Die „besonders stark gewachsene Verbindung zwischen Wirtschaft, Wissenschaft und Bevölkerung" hatte die Jury des Stifterverbandes für die Deutsche Wissenschaft beeindruckt sowie die „europäische Ausstrahlung". Das ist nicht nur wohlmeinendes Festrednerdeutsch, sondern Dresdner Wirklichkeit, allenthalben erlebbar: in der Kinderuniversität, der Sommerschule Mikroelektronik, in der „Langen Nacht der Wissenschaft", wenn Forscher zur anschaulichen Lösung von Welträtseln Gummibärchen platzen lassen, bei „Physik am Samstag", im „Science Café" oder bei der Wanderung über die Dächer der Neugier-Tempel.

Wie sagte eine Elftklässlerin, die an der Sommeruniversität 2005 teilnahm und dabei auch das Max-Planck-Institut für Zellbiologie und Genetik besichtigen konnte? „Hier würd' ich gerne arbeiten. Ich find' das krass." □

MERIAN | INFO

DRESDEN FORSCHT

34 000 Studenten sind an der Technischen Universität eingeschrieben. Unter sieben weiteren Hochschulen haben Studenten die Wahl. Außerdem gibt es drei Max-Planck-Institute, drei Leibniz- und neun Fraunhofer-Institute sowie das Forschungszentrum Rossendorf. Wird andernorts von Synergien geredet, funktioniert in Dresden das Zusammenspiel von Wissenschaft und Wirtschaft. Jüngstes Beispiel: das Zentrum für Nanoelektronische Technologien, bei dem die Fraunhofer-Gesellschaft, Infineon Technologies und der Chiphersteller AMD kooperieren. Mit 20 000 Beschäftigten in der Mikroelektronik gehört Dresden Europas Spitze.

Mehr als 200 Meter über der Elbe, auf der Bastei, stellten schon Ludwig Richter und Caspar David Friedrich ihre Staffeleien auf

Hoch die Elbe, die Elbe hoch

Hinter Dresden liegt eine Urlandschaft voller Täler und Schluchten: der Nationalpark Sächsische Schweiz. Ihn durchquert die Elbe wie ein Freizeitpark

Text: Roland Benn, Fotos: Peter Hirth

Herbst an den Neurathener Felswänden. Wer hier hinauf steigt, wird sich schnell mit der Schöpfung allein fühlen

Dramatische Schründe, mächtige Steine

Foto: h & d Zielske

Über Wasser senkt sich die Dunkelheit stets etwas tiefer hinab als über Land. Das gilt für das Meer, den See, den Fluss. Der Fluss ist an dieser Stelle etwa 100 Meter breit, doch aus der Perspektive einer Ente scheinen die Ufer unerreichbar, der Himmel undurchdringlich, das Land eine ferne Welt. Nicht einmal eine Glühwürmin erleuchtet ihren Nachbarn. Tröstlich in dieser gefahrvollen Einsamkeit ist allein das Geräusch des Motors, der schnarrend gegen die Strömung kämpft.

Das Rauschen der Raddampfer, das Kreischen der Powerboote, das plätschernde Treiben der Kanus sind jetzt verklungen, und die Elbe verbirgt ihre reißende Kraft hinter Schweigen. Wenn es dunkel ist, deutet diese Lebensader an, wie lebensgefährlich sie sein kann, die hier vor wenigen Jahren alles mit sich riss. Wenn es dunkel wird, schließen sich in Rathen und Krippen früh die Fensterläden, verbergen sich die kleinen Orte in den engen Seitentälern, kriecht rasch und auch im Sommer die feuchte Luft aus den Felsen zwischen die Häuser, und der späte Gast, dessen Motorboot noch einmal die Molche weckte, geht früh ins Bett.

Zu dieser Zeit sitzen sie in Dresden, nur wenige Mäanderschleifen entfernt, unter großen Laternen in südländischen Höfen, essen gut und reden heiter. Kaum eine Großstadt in Europa hat in ihrer unmittelbaren Nähe eine solche Wildnis wie das mondäne Dresden mit dem urtümlichen Nationalpark Sächsische Schweiz. 20 Minuten mit der S-Bahn genügen, um die Anzeichen menschlicher Industriekultur zu verlassen und die Denkmäler einer Welt zu begehen, die weit vor dem Menschen entstand und die er an vielen Stellen nie beeinflusst hat. Und die Dresdner fahren bei jeder Gelegenheit hinaus, mit Bahn oder Kanu, mit Fahrrad oder Dampfer und manchmal mit Schlauchbooten, die ihre 350 Pferdestärken voll in die Strömung hauen.

Wenn am Morgen das erste Licht des Tages die Wolken aus den Tälern wuchtet, dann sähe man aus der Höhe eines Wanderfalken am westlichen Horizont den Goldenen Reiter August in Dresden und im Osten sein Vorbild, die Sonne. Dann zeigten sich seltene Vögel und die Plätze zwischen Weißtanne und Fels, die noch nie eines Menschen Fuß, sondern höchstens sein Auge aufgesucht hat. Dann sähen wir die prachtvollen Reste einer zerschlissenen und zerrissenen Ebene, die aus einer Zeit stammt, als es Wanderfalken noch gar nicht gab.

Für den wandernden Menschen jedoch beginnt hier in Rathen der Tag gleich mit dem Höhepunkt der Sächsischen Schweiz. Zur Bastei sind es nur wenige hundert Meter, die man sich mit wenigen hundert Mitwanderern teilt. Vorbei an wuchtigen Felsnadeln, deren Schichtung so regelmäßig und geheimnisvoll ist wie ein Dönerspieß, an den Resten einer mittelalterlichen Felsenburg, an diversen Gedenktafeln und an Graffiti aus dem 18. Jahrhundert. Und über die Basteibrücke, die aus Felsen Pfeiler macht, hinauf auf die Aussicht 200 Meter über der Elbe. Von hier sieht man den herrlichen Lauf der Natur, und wer sich Mühe gibt, mag deren Erhabenheit empfinden wie die Maler der Romantik, die fast ohne Ausnahme hier waren. Mehr als 200 Jahre ist es her, dass – so sagt die Legende – zwei Schweizer Maler der Sächsischen Schweiz ihren Namen gaben.

Entdeckt haben sie aber Leberecht Götzinger und Heinrich Nicolai, beide Lehrer und Pfarrer, denen als ersten klar wurde, dass ein Paradies wartet, wo ihre Zeitgenossen nur eine Wildnis gesehen hatten. Die beiden erschlossen Tal und Klamm und riefen ihre Mitbürger in die Natur hinaus. Und sie kamen und staunten. Als erster der zähe Wanderer Johann Gottfried Seume auf seinem Weg nach Syrakus, dann eröffneten Caspar David Friedrich und Ludwig Richter, Hans Christian Andersen und Clemens von Brentano einen Zug der Naturfreunde, der bis heute nicht enden will, aber mittlerweile in feste Bahnen gelenkt ist.

Die Bemühungen, diese in Europa einzigartige Landschaft zu schützen, sind zwar alt, zeigten aber erst kurz vor der Wiedervereinigung Wirkung. Heute leben auf den bizarren Felsen des Nationalparks wieder Pflanzen und Tiere, die an anderen Orten keine Heimat mehr finden, und vor allem ist die Landschaft unseren gefiederten Freunden zugute gekommen. Flächen und Nischen, die kein Marder und kein Luchs erklimmen kann, dienen als Rückzugsgebiet für Uhu, Kolkrabe und Schwarzstorch. Weite Gebiete sind gesperrt, die Kernzonen dürfen nicht betreten, sondern nur auf ausgewiesenen Wegen umgangen werden.

Uralte Landschaft, blutjunge Action

Zweigeteilt zeigt sich die Sächsische Schweiz: einerseits lauschig wie das Städtchen Hohnstein und wuchtig wie die riesige Festung Königstein. Andererseits ist überall Platz für Wassersport der leichteren Art und auch das olle Wandern ist, mit richtiger Ausrüstung, ein Outdoor-Event

Das heißt aber nicht, dass hier alles, was Spaß macht, verboten wäre. Man darf, kaum zu glauben, an ausgewiesenen Stellen klettern. Das entspricht zwar nicht unbedingt der Naturschutzidee, war den kraxelfreudigen Sachsen allerdings nicht zu verbieten, die gern und bis ins hohe Alter an den Felsen herumturnen – natürlich nur nach den strengen sächsischen Bergsteigerregeln. Und man kann boofen. So nennt sich die Art der Eingeborenen, auf Wanderungen zu übernachten: unter einen Felsvorsprung gekuschelt, die geeigneten Orte werden in stiller Post weitergegeben. Auf allen Schildern des Parks steht, dass so ein Biwakieren verboten ist, wer es dennoch tut, wird mit Milde behandelt, schließlich handelt es sich um Folklore.

Unten auf der Elbe allerdings ist alles erlaubt. Der einst wichtige Handelsweg wird nur noch von wenigen Lastkähnen benutzt, die Schüttgut nach Norden bringen, die wichtigeren Güter nehmen die Bahn: Polos und Touaregs aus der Slowakei. Auf dem Wasser tummelt sich daher alles, was mag: Oma und Opa lassen sich im voll bepackten Kanu treiben, verwegen gebaute Bastarde aus Schlauchboot und Carport machen Party, ein knallrotes Gummiboot spielt mit seinen Gästen Achterbahn. Entgegen kommen ein zehn Meter langes Vehikel Marke Eigenbau und das Motorboot des lokalen Playboys, das gut und gern seine 100 km/h fahren kann, es aber aus Rücksicht auf die Kinder im zerbrechlich wirkenden Faltboot nicht tut. Alles ist in Bewegung, nicht nur auf dem Wasser; Fähren sind überfüllt, die Radwege drangvoll. Man könnte meinen, der Nationalpark sei überlaufen, aber das täuscht. Dies ist die Elbe, das Reich der Freizeit, erst hinter ihr beginnt das Land der besten aller Ertüchtigungen: des Wanderns.

Schon nach wenigen Metern haben sich die Menschenmassen von der Elbfähre auf die vielen ausgezeichneten Wege verteilt, schon nach wenigen hundert Metern kann der Wanderer allein sein. Die kleinen Städte ziehen sich am Ufer entlang und stoßen vorsichtig in die Felsen vor, die Häuser winden sich ins enger werdende Tal, werden immer kleiner und geben schließlich auf. Was dann folgt, ist oft pure Urlandschaft. Schmalste Einschnitte zwischen Klippen, denen kein Mensch folgen kann, heute nicht und nicht vor tausend Jahren. Nur wenige Schluchten sind so breit, dass ein Weg neben das Wasser passt, wie bei der Polenz, deren Lauf man bis zur Quelle folgen kann.

Sie gluckst und flüstert mit ihrer Mädchenstimme, die Wasseramsel stakst in ihren Schnellen und der Eisvogel schießt durch die Wellen und glitzert wie Götterspeise. Um sie herum wächst Urwald, und es blüht in tausend Farben, bewacht von bizarren Felsen. Unterhalb von Hohnstein führt der Weg links in die Wolfsschlucht, die den Hockstein vom Rest der Welt trennt und die, gerade mal schulterbreit und mit Treppen ausgebaut, seine Hochfläche erschließt.

Von hier sieht der Wanderer, dass er auf einer Landschaftsgrenze steht: nach unten die schroffe Schlucht, nach oben das sanfte Tal. Und der Geologe sagt: Oben war Urweltland und unten das Urweltmeer. Von oben trugen die Flüsse Sand ins Wasser und der rieselte hinab, mit unendlicher Ausdauer. Der Sand lagerte sich am Boden ab und, getrieben von der Unruhe, die der Sturm überm Wasser bis in die Tiefe getragen hatte, mahlte er träge hin und her. Die Kieselalge, deren Leben im Aufbau einer

MERIAN | INFO Sächsische Schweiz

Die Sächsische Schweiz umfasst 368 km², davon gehören 93 km² zum Nationalpark. Der besteht aus zwei Teilen: der vordere mit Bastei, Polenztal und Lilienstein zwischen Pirna und Bad Schandau, der hintere mit den Schrammsteinen, dem Kuhstall und dem Gr. Winterberg reicht bis an die tschechische Grenze. Dahinter setzt sich die Sandsteinlandschaft als Böhmische Schweiz fort.

Nationalparkhaus Sächsische Schweiz
Dresdner Str. 2 b, Bad Schandau, Tel. (03 50 22) 502 30, April-Okt. tgl. 9-18 Nov.-März Di-So 9-17 Uhr 6. Jan.- 6. Feb. geschlossen
Im Besucherzentrum mit seinen großzügigen Ausstellungsflächen gibt es Informationen zum Nationalpark, Multivisions-Shows, interaktive Modelle, 3D-Präsentationen, Führungen, Kurse und Infoabende.
www.nationalpark-saechsische-schweiz.de/

Tourismusverband Sächsische Schweiz e.V.
Bahnhofstraße 21, Pirna
Tel. (035 01) 47 01 47
info@sax-ch.de
www.saechsische-schweiz.de

ÜBERNACHTEN

Die Städte Pirna und Stadt Wehlen sind Pforten zum Nationalpark aus Richtung Dresden. Tipp für den ersten Besuch: der kleine Kurort Rathen, von dem aus Bastei und Amseltal auf kurzen Wegen zu erreichen sind. Wir empfehlen hier das Hotel Amselgrundschlößchen, das nach den ersten Wandertagen Sauna, Schwimmbad und Massagen bietet.
Hotel Amselgrundschlößchen, Kurort Rathen, Amselgrund 3
Tel. (03 50 24) 743 33
Fax 744 44
info@amselgrund.de

WASSERSPORT

Auf der Elbe in nahezu jeder Form möglich. In Stadt Wehlen kann man vom Paddelboot für zwei bis zum Motorschlauchboot für zehn alles mieten. Der Verleiher transportiert Boot und Mieter die Elbe hinauf, von dort geht's mit der Strömung zurück.

Spaßtours
Mennickestr. 29, Stadt Wehlen, Tel. (03 50 24) 710 84, info@elbe-erleben.de, www.elbe-erleben.de

Kanu Aktiv Tours GmbH
Elbpromenade Schandauerstr. 17-19, Königstein
Tel. (03 50 22) 507 04
info@kanu-aktiv-tours.de
www.kanu-aktiv-tours.de

KLETTERN

Kletterreviere sind durch schwarzweiße Markierungen gekennzeichnet. Die sächsischen Bergsteigerregeln sollen helfen, den empfindlichen Sandstein zu schützen. Unter anderm gilt
• kein Magnesia (greift den Sandstein an)
• nur an frei stehenden Gipfeln klettern
• bei nassem oder gefrorenem Fels: Klettern verboten

Boofen

Ist eine Sache der Geheimtipps und der Mundpropaganda. Das Outdoor-Handbuch des Stein-Verlages empfiehlt jedoch eine GPS-Position, die wir hier ungeprüft weitergeben: N 50° 57,4' E 014° 06,0'

Achterbahn auf dem Wasser: mit 350 PS stromaufwärts

mikroskopisch kleinen Schale bestanden hatte, fand hier Erfüllung, der Saurier, vom Alter geschwächt ertrunken, bettete seine Krallen, Schuppen und Knochen in den Sand. Und der zerrieb alles, was verging, zu nassem Staub, nur hier und da findet man heute noch eine Muschelschale zwischen Rathen und Bad Schandau. So lagerte sich Schicht um Schicht, langsam und stetig, ein paar Zentimeter nur in tausend Jahren, aber nach zehn Millionen Jahren war daraus eine 700 Meter dicke, zu Stein verdichtete Schicht geworden. Entsprechend flacher war die Bucht, und dann hob sich das Land noch ein wenig, das Wasser floss ab, und eine langweilige Sandsteinebene lag zwischen langweiligen Basalthügeln, auf denen noch immer gelangweilte Saurier umhertrampelten. Eine Welt aus einer Zeit, als sich Fuchs und Hase noch nicht Gute Nacht sagen konnten, weil sie noch lange nicht erfunden waren.

Ernst und Respekt verlangend erscheinen heute die Steine des Elbsandsteins. Nicht so wild wie die Alpen oder der Himalaja, denn diese pubertären Berge sind jung, gerade erst entstanden, als Afrika gegen Europa knallte und Indien gegen Asien. Da lag der Sandstein der Sächsischen Schweiz schon seit 70 Millionen Jahren da, wo er heute liegt, hatte schon die Urelbe ihr Bett gegraben, trugen Regen und Wind Korn für Korn davon. Und nach weiteren 30 Millionen Jahren kamen die ersten Touristen die Elbe hoch und bewunderten das Ergebnis der Erosion: Der größte Teil des Sandsteins ist ausgewaschen, die Reste stehen senkrecht als Tafelberge oder gefährlich dünne Felsnadeln.

Noch immer geht dieser Prozess weiter, laufen Rinnsale und Bäche zur Elbe hinab und nehmen ihr Päckchen Sand mit. Es rieselt über Moos und Flechten und meist auch durch den Sand des Steins hindurch, das dauert nur etwas länger. Am schnellsten geht's am Wasserfall wie dem Lichtenhainer, der pittoresk neben dem Gasthaus plätschert, aber alle halbe Stunde ertönt „Conquest of Paradise", das Lied, zu dem Henry Maske in den Ring zu steigen pflegte, und dann schwillt der Bach und fällt zehn Sekunden lang vors Publikum, das sich schnell wieder zu seinen Kuchentellern verkrümelt. Ganz anders ist das am Fall der Amsel, da rauscht es, wenn der Gast es will, aber das kostet jedesmal 30 Cent.

Der Bach aber fließt in den Amselsee und von dort nach Rathen hinunter und gibt seine Ladung Sand an die Elbe ab, an deren Ufer Menschen glücklich in die Abendsonne blinzeln. Sie blicken dem letzten der eleganten Raddampfer nach und schließlich im späten Licht des Tages dem Motorboot des Gastes, der gelernt hat zu wandern und der sich nun erfüllt hinabtreiben lässt nach Dresden, dem Glühen des Goldenen Reiters entgegen. □

Roland Benn, *MERIAN-Redakteur, hatte nach drei Wandertagen den schönsten Muskelkater seit dem Turnunterricht.*
Peter Hirth, *Fotograf mit Wohnsitz in Riga, fand entlang der Elbe ein buntes Völkchen ohne Wasserscheu.*

Du legst eine Bauchlandung nach der anderen hin? Das ist bitter. Doch du hast ganz sicher nicht so viele Bruchlandungen hingelegt wie Otto Lilienthal. Bevor er zum ersten fliegenden Menschen wurde, stürzte er dutzende Male ab.
Stutze deinen Träumen nicht die Flügel. Vielleicht dauert es bei dir etwas länger, doch es ist niemals zu spät, der Erste zu werden.
Du bist Deutschland
Eine Aktion deutscher Medien im Rahmen der Initiative „Partner für Innovation". www.du-bist-deutschland.de

Der Jahreszeiten Verlag unterstützt die Kampagne „Du bist Deutschland". Foto: Dominik Obertreis/Bilderberg

Zweimal in der abwechlungsreichen und oft harten Geschichte Glashüttes brachten Uhrmacher dem Ort Wohlstand und Namen: 1845 war es Urgroßvater Lange, 1994 präsentierte sein Urenkel die „Lange 1“

Num

Walter Lange stand vor einem Scherbenhaufen. 1948 hatte der damals 24-Jährige seine Heimat verlassen, jetzt, im Rentenalter, stand er vor dem, was vom Werk seiner Vorväter übrig war: fast nichts. In Glashütte, der Stadt der feinsten Uhrmacherei, standen Anfang der neunziger Jahre noch etwa 70 Beschäftigte der „Glashütter Uhrenbetriebe“ in Lohn und Brot – von ehemals 2000. Nach dem Ende der DDR drohte nun den Glashütter Uhrmachern das endgültige Aus.

Not herrschte im Müglitztal, wieder einmal. Vier Jahre später präsentierte Walter Lange im Dresdner Schloss die ersten Lange-Uhren der Neuzeit. Glashütte war gerettet, wieder einmal.

Kunstwerke: Die Uhrmacher dekorieren selbst jene Flächen, die sich nach Vollendung dem Auge des Betrachters entziehen. Wie auch dem des Uhrmachers bei der Montage der „Lange 1“, hätte er nicht seine Lupe

Glashütte, malerisch in das lang gestreckte Tal des Flüsschens Müglitz eingebettet, liegt im Osterzgebirge. Seit der Eröffnung der Autobahn nach Pirna ist der Ort von Dresden kaum mehr als eine halbe Stunde entfernt, und doch hält Abgeschiedenheit den Flecken mit seinen 4600 Einwohnern schützend umfangen.

Neben zumeist schmucklosen zwei- und dreistöckigen Gebäuden lassen einige alte Bürgerhäuser erahnen, dass in Glashütte einst ein bescheidener Wohlstand herrschte. Kaum aber zu vermuten ist, dass hier heute sehr kostbare Dinge entstehen – teure, mechanische Meisterwerke der Uhrmacherkunst, die sich in den Auslagen nobler Geschäfte von New York bis Hongkong wiederfinden.

Gleich vier Hersteller von Uhren und Präzisionsinstrumenten sind in Glashütte ansässig und sie stehen in einer mehr als 500-jährigen Tradition des Umgangs mit edlen oder hochwertigen Materialien.

Der Siedlung, 1445 erstmals erwähnt, wurde bereits 1506 von Herzog Georg dem Bärtigen das Stadtrecht verliehen. Dreihundert Jahre lang wird in Glashütte Silber, Kupfer, Eisen und Zinn gefördert. Doch die Ausbeute bleibt dürftig und Glashütte eine ärmliche Bergstadt. Im Dreißigjährigen Krieg fallen 400 kaiserliche Soldaten plündernd und brandschatzend über die Stadt her. Auch vom Siebenjährigen Krieg und in den Befreiungskriegen gegen Napoleon bleibt Glashütte nicht verschont. 1791 brennt Glashütte nieder. Mit Unterstützung aus der kurfürstlichen Kasse wird sie wieder aufgebaut. Die Häuser müssen allerhöchsten Richtlinien entsprechen und so kommt es, dass viele Gebäude in ihrer schlichten Gestalt einander ähneln. Doch der Bergbau kommt nicht wieder richtig in Gang.

Die Strohflechterei ist das erbärmliche und einzige Einkommen vieler Bewohner. In einem öffentlichen Aufruf fordert 1843 die Landesregierung Fachleute auf, mit staatlicher Hilfe in sächsischen Notstandsgebieten Industrien aufzubauen. Damit beginnt das zweite Leben von Glashütte.

Ferdinand Adolph Lange gründet im Dezember 1845 in der völlig verarmten Stadt eine Uhrenfabrik. Er hat beim Dresdner Hofuhrmachermeister Johann Christian Friedrich Gutkaes und in Paris sein Handwerk erlernt, die Tochter seines Meisters geheiratet und war in dessen Firma eingetreten. Eigentlich ist Lange ein gemachter Mann.

Aber er will mehr, träumt von der eigenen Uhrenfabrik. Ausgerechnet im verarmten Glashütte? Die Idee dazu war eine frühe Installation von Wachstumskernen im Osten: Die sächsische Regierung vergab ein Darlehen von 7820 Talern, das Lange nach Glashütte lockte. Dafür verpflichtete er sich, innerhalb von drei Jahren 15 Lehrlinge auszubilden. Wirtschaftsförderung Anno 1845.

Ferdinand Adolph Lange bringt den groben Händen der Erzgebirgler bei, zierliche Taschenuhren zu montieren. Und das Wunder geschieht: Langes Uhren sind begehrt. Selbst Kaiser Wilhelm II. muss ein Jahr auf eine goldene, kunstvoll verzierte Taschenuhr von „A. Lange & Söhne“ warten, die er 1898 dem türkischen Sultan Abdul Hamid II. zum Geschenk macht.

Lange ermutigt einige seiner qualifiziertesten Mitarbeiter zur Selbstständigkeit und so kommt es zu weiteren Gründungen in der Glashütter Uhren- und feinmechanischen Branche. Werkstätten und Betriebe von Zulieferern entstehen. Moritz Großmann

mer eins lebt!

Text: Ralf Hübner

siedelt sich 1854 mit einem Betrieb an, sein großer Verdienst ist 1878 die Einrichtung der „Deutschen Uhrmacherschule Glashütte".

In den zwanziger Jahren des 20. Jahrhunderts ist mit teuren Taschenuhren kein Geschäft mehr zu machen, Armbanduhren sind gefragt. Viele Betriebe müssen schließen. Doch die Glashütter Uhrenindustrie findet noch einmal einen Ausweg. Während des Zweiten Weltkriegs werden in Glashütte Marine-Chronometer, Zeitzünder und Fliegerarmbanduhren gefertigt. Kurz vor dem Waffenstillstand, am 8. Mai 1945 toben im Müglitztal noch Kämpfe, am letzten Tag des Krieges wird die Uhrenfabrik Lange von Fliegerbomben getroffen.

Deren Ende kam nach Kriegsende: In der DDR wird die Firma enteignet. 1951 wird sie in den neuen volkseigenen „Glashütter Uhren-Betrieben" (GUB) eingegliedert, dem Zusammenschluss aller örtlichen Fabriken. „A. Lange & Söhne" gibt es nicht mehr.

Und dann kam das Jahr 1990, Walter Langes Rückkehr. Der alternde Pionier war der Meinung, dass der Glashütter Präzisionsuhren-Kosmos noch immer eine Chance hat. Gegen Massenware und Digitaluhren, so billig wie Bleistifte. Und auch die Quarzuhr, so meinte er, sei ein künstlich beatmetes Machwerk, die mechanische Uhr hingegen lebe.

Mit Schweizer Partnern wagt Walter Lange einen Neuanfang. Das Erstlingswerk, die Uhr „Lange 1" in Gold und Platin, wird zum Hit und die Markteinführung des jüngsten Modells, der „Lange 1 Zeitzone", wird geradezu zelebriert mit Live-Übertragungen von Uhrenhändlern am Times Square in New York, aus Tokio, Moskau, Hongkong, Berlin und München via Satellit auf den Hof der Uhr-Manufaktur. Der glänzende Ruf von „A. Lange & Söhne" und Glashütte hat überdauert.

In Glashütte ist eine neue Uhrenindustrie entstanden. Auch der Glashütter Uhrenbetrieb, der GUB-Nachfolger, hat sich auf seine Wurzeln besonnen und mit „Glashütte Original" und „Union" zwei Nobelmarken kreiert. Dritter im Bunde ist „Nomos". Nicht Gold und Platin – Edelstahl, elegantes, klares Bauhausdesign, das ist das Nomos-Modell, die „Tangente". Und schließlich gibt es das Familienunternehmen „Nautische Instrumente Mühle", das mit dem Bau von Schiffschronometern begann und jetzt auf Armbanduhren – funktional und robust – für Flieger, Taucher, Sportler und Geschäftsleute setzt.

Das Herz Glashüttes schlägt wieder: am Bahnhof. Die Uhren-Tempel präsentieren sich in weißgrauem Beton und dunkel glänzendem Glas. Gleich im Bahnhofsgebäude hat sich Nomos niedergelassen, schräg gegenüber steht das Lange-Stammhaus von 1873, das ehemalige Wohn- und Produktionsgebäude des Meisters, und daran angrenzend Glashütte Original mit flatternden Fahnen vor der Tür. Die ehemalige Deutsche Uhrmacherschule von 1878 in der Mitte des Platzes soll künftig das Glashütter Uhrenmuseum beherbergen. Jetzt hat sich auch Juwelen-Filialist Wempe in der Stadt niedergelassen, die Sternwarte restauriert und will dort eine Uhrenfertigung aufbauen.

Der Aufbau Ost – in dem kleinen Ort im Osterzgebirge hat er geklappt. Rund 800 Menschen arbeiten in den Uhrenbetrieben, deren Gewerbesteuern die Stadtkasse füllen, allein 345 bei Lange. Der Asphalt auf den neuen Straßen schimmert schwarz-blau, die Gehsteige haben Parkbuchten, der Gebirgsbach Prießnitz, der 2002 bei der sächsischen Flut aufmuckte, plätschert wieder eingemauert und gemütlich durch den Ort, die Häuser leuchten in frischer Farbe. Gegenüber der Kirche steht Ferdinand Adolph Lange. Ihn hatten die Glashütter damals zum Bürgermeister gewählt, später setzten sie ihm ein Denkmal. Milde lächelt er, in schwarzen Stein gehauen, über den Platz. Er hat den Namen der Stadt zur Marke gemacht. ☐

Ralf Hübner *lebt als freier Journalist in Dresden.*

Vom Proschwitzer Weinberg „Katzensprung" wäre es ein Katzensprung hinüber zu Albrechtsburg und Dom. Wenn nicht unten im Tal die Elbe flösse!

Türme, Wein und weißes Gold

Ein Glanzlicht aus der berühmten Manufaktur Meißen: Den Reinecke Fuchs auf dem Leuchter schuf 1923 Max Esser

Meißen ist kein heißes Pflaster. Am Markt und vor der Frauenkirche pflegt die Stadt vor allem den Charme vergangener Tage

Erinnerungen an Meißen: Bei Frau Schlieter kauft man eine Flasche Wein. Und wer kein Geld hat für ein Souvenir aus der Porzellanmanufaktur, macht ein Foto

(Tausend Jahre tapfer durchgehalten)

Es ist dieses eine Bild, das sich einbrennt und Meißen neben Neuschwanstein oder dem Loreleyfelsen archiviert. Die Treppen, 200 im Jahr 1662 steil in felsigen Waldboden gehauene „Katzenstufen", führen hinauf in den rechtselbischen Ortsteil Proschwitz. Am Ende der Stiegen säumen wilde Rosen einen Weg durch Weinreben. Unten windet sich ruhig die Elbe. Gegenüber ruht die Albrechtsburg erhaben auf einem steilen Plateaufelsen. In dieser Perspektive besteht Meißen nur aus der vom Abendlicht weich gezeichneten Burg und den dunklen Spitzen des Doms.

9000 Kilometer von Meißen entfernt saßen Lai Chi Yau und seine Frau To Man Yee in ihrer Hochhauswohnung in Hongkong und blätterten in einem Reiseführer über Deutschland. Sie fanden das Bild von der Albrechtsburg. Und waren verzaubert. Unbedingt mussten sie diese Burg sehen. Also fügten sie ihrem Reiseprogramm den Metropolen Budapest und Prag zwei deutsche Städte hinzu, Dresden und Meißen.

Jetzt, einige Monate später, stehen sie mit ihrem Reiseführer auf dem Markt in Meißen und machen sich an den Aufstieg zur Albrechtsburg. Lai Chi Yau liest seiner Frau vor, dass ein König Heinrich I. im Jahr 929 auf dem Burgberg eine erste Wehranlage bauen ließ, die im 15. Jahrhundert zur Burg ausgebaut wurde. Die beiden Chinesen vertiefen sich in die 1000-jährige Vergangenheit Meißens, das als Bollwerk gegen die Slawen gegründet wurde. „So viel Geschichte", sagt Lai Chi Yau. Meißen kann sich rühmen, Wurzel des späteren Königreichs Sachsen zu sein, nicht Dresden oder Leipzig.

Vor vielen Renaissanceportalen der Bürgerhäuser bleiben die Besucher aus Fernost stehen, bewundern die steinernen Muschelreliefs und Sitznischen, zücken immer wieder die Kamera. Staunend versuchen sie ein in Stein gemeißeltes Rätsel zu entschlüsseln: Simsons Kampf mit dem Löwen. Relikte bürgerlicher Glanzzeiten.

Je näher sie in der Burgstraße der Albrechtsburg kommen, desto kleiner werden die Häuser, die sich unter spitzen Dächern an den Burgberg klammern. In die einstigen Werkstätten der Handwerker sind Porzellan- und Antiquitätenhändler gezogen. Neben Lai Chi Yau und To Man Yee ziehen japanische und italienische Reisegruppen die Burgstraße hinauf. Sie entdecken kleine Brunnen in den schiefen Handwerkerhäusern und weinbepflanzte Mauern in lauschigen Innenhöfen.

Wettinerfürsten in der Großen Hofstube der Albrechtsburg. Noch bis 1863 entstand unter den Zellengewölben des spätgotischen Baus das Porzellan mit den blauen Schwertern

Es brauchte einige Wunder, damit Meißen seinen historischen Stadtkern heute in Pastelltönen und Terrakotta ausstellen kann. Glücklicherweise wurde die Stadt im Zweiten Weltkrieg von den Bomben verschont. Und der Burgberg mit seinen engen Gassen eignete sich später nicht, um architektonische Ideologie in Platten zu pressen.

Dennoch wäre Meißen an der DDR beinahe zugrunde gegangen. Ende der achtziger Jahre klebten Mitarbeiter des Bauamtes nachts heimlich Plakate mit den Silhouetten verfallener Gebäude an die beigegrauen Mauern Meißens. „Besuchen Sie Meißen, solange es noch steht“, schrieben sie darüber. Meißen war eine baufällige Ruine. Noch einige Jahre DDR, und die Monumente aus Spätgotik und Renaissance wären zu Schutt zerfallen.

Nach der Wende musste das alte Meißen auf ein neues Fundament gestellt werden. Die Stadt glich über Jahre einer offenen Wunde, mit aufgerissenen Straßen und eingerüsteten Häusern. Nichts erinnert daran. Die Altstadt ist restauriert, stimmt ein auf den Besuch bei den Stars der Stadt. Auf den prächtigen gotischen Dom aus dem 13. Jahrhundert mit den gewaltigen Sandsteinsäulen, der nach der Reformation vor allem als Grabstätte für die Wettiner dient. Auf die mit Gemälden aus der sächsischen Geschichte geschmückte Albrechtsburg, die es nie zum Herrschaftssitz brachte.

Nicht politische Macht inspirierte Meißen, sondern die Chemie. Meißen zehrt mehr denn je von seinem Lebenselixier. Das ist weiß und hat 200 000 Formen. Der Alchimist Johann Friedrich Böttger und der Gelehrte Ehrenfried Walther von Tschirnhaus beglückten nicht nur August den Starken im Jahr 1708 mit der Erfindung des ersten europäischen Porzellans, sondern schenkten Meißen auch seine Identität. Seit 1863 entstehen die Teller und Figuren nicht mehr in der Albrechtsburg, wo die erste Manufaktur das Geheimnis der weißen Rezeptur hüten sollte, sondern in der neuen Werkstatt im Triebischtal.

35 Minuten dauert der Spaziergang durch die Porzellanherstellung. Die Besucher sehen in der Schauwerkstatt, wie der Dreher die Scheibe mit dem Fuß antreibt. Porzellan entsteht noch immer durch eine Symbiose aus Handwerk und Kunstfertigkeit. Sie beobachten, wie der Dreher einen grauen Tassenkörper formt. Lernen, dass Kaolin, Quarz und Feldspat die Glücksstoffe sind, aus denen nach Glühbrand bei 950 Grad und Glattbrand bei 1400 Grad Porzellan wird. Sie sehen den Malerinnen zu, wie sie mit dünnen Pinseln auf und unter der Glasur die berühmten Verzierungen wie das Zwiebelmuster auftragen.

To Man Yee und Lai Chi Yau machen Halt bei Sonja Mückel, die seit 25 Jahren in der Manufaktur arbeitet. Die schon als Vierzehnjährige im Zeichenzirkel der Manu-

(Die Herrscher heißen Kaolin, Feldspat und Quarz)

Hier die Eleganz der Bewegung, dort die Virtuosität der Hand: Die „Kugelspielerin“ (1945) von Walter Schott und die Unterglasmalerei zeugen von höchstem handwerklichem Anspruch der Manufaktur

Gäste sind in Meißen überall willkommen, auch im gemütlichen Weinlokal unter der Burg

(Auch an der DDR nicht zerbrochen)

faktur malte. Frau Mückel ist Bossiererin. Sie setzt aus bis zu 100 Einzelteilen millimetergenau Figuren zusammen. Sie liebt klare Figuren ohne viel Staffage. Und sie hasst Fell und Gefieder, die eine Nervenprobe sind und sich sträuben, wenn private Sorgen bis in die Hand fahren. Sonntags isst Frau Mückel mit ihrer Familie Kuchen von Meißener Porzellan und trinkt aus Tassen, die durch die gekreuzten Schwerter geadelt sind. So wie sie es von der Oma kennt, wo sie schon als Kind vom Meißener Geschirr aß.

„Wir ehren das Porzellan in unserer Familie", sagt Sonja Mückel. Mehrere Jahre hat sie lernen müssen, bis ihre Figuren reif waren für den Verkauf. Porzellanmachen in Meißen ist nicht einfach nur ein Job. Am Porzellan hängen Jahre, ganze Leben. Als die Manufaktur noch ein volkseigener Betrieb war, gab sie 1700 Menschen Arbeit. Jetzt sind es noch 900. Damit ist die Manufaktur immer noch der größte Arbeitgeber in Meißen, mit einem Jahresumsatz von über 35 Millionen Euro. Das Porzellan ist Meißens Magnet. 330 000 Besucher besuchten 2004 die Schauwerkstatt, allein aus Japan kamen mehr als 20 000.

Franziska Schlieter hat in den vergangenen Jahren die Häutungen Meißens beobachtet, die Wandlung von der grauen Maus zum bunten Model. Die kleine Frau steht vor schweren braunen Holzregalen mit altmodischen Schubfächern. Sie führt in der fünften Generation den Familienbetrieb Feinkost Ernst Schumann am Markt. Nach der Wende sah sie, wie um sie herum die Geschäfte eröffnet und wieder geschlossen wurden. Weigerte sich selbst lange, aus dem kleinen Lebensmittelladen ein Feinkostgeschäft zu machen. Doch es kamen immer mehr Kunden in ihren altmodischen Laden. Und die alten Meißner, die am liebsten „nebenan" einkaufen, blieben nicht weg.

In diesem Jahr kommen Leute auch in den sonst eher flauen Sommermonaten und fragen auf Russisch, Italienisch oder Englisch nach etwas Besonderem aus Meißen. „Ich hab immer mit dem Wein geliebäugelt", sagt Frau Schlieter. Bei ihrem Vater war der begehrte Meißner Wein Bückware und in Tauschgeschäften einige Pakete Fliesen wert. Heute ist der Müller-Thurgau aus den Winzereien der Region Frau Schlieters Verkaufshit. „Viele wollen einfach die Burg und die Elbe auf dem Etikett mit nach Hause nehmen." Sie freut sich, wenn Kenner kommen. Die einen Goldriesling kaufen, weil sie wissen, dass es ein edler leichter Sommerwein ist.

Feinkost Ernst Schumann ist ein bisschen wie Meißen. Ein Ort, der auf charmante Art die Tradition pflegt. Die Elbstraße 1, in der Frau Schlieter wie früher ihr Vater, Großvater und Urgroßvater hinterm Verkaufstresen steht, ist ein Ort der Beständigkeit, der mit der guten alten Zeit kokettiert, anstatt Moden hinterherzuhecheln. „Es ist schwer, diesem Flair zu entfliehen", sagt Franziska Schlieter, „ich bin mit dem Geruch des Ladens groß geworden."

Vor dem Schaufenster gehen To Man Yee und Lai Chi Yau vorbei. „So viel Geschichte" sagt To Man Yee zu seiner Frau. „Und so schönes Porzellan", antwortet sie. ☐

Michael Kraske, *Autor in Leipzig, hat Meißen nicht nur als Station seiner journalistischen Ausbildung lieben gelernt.* **Marc-Oliver Schulz,** *Hamburger Fotograf, verguckte sich in Meißen vor allem in die Architektur des Mittelalters.*

MERIAN | TIPP Meißen

Porzellan-Manufaktur
1701 ließ August der Starke Johann Friedrich Böttger als vermeintlichen Goldmacher in Gewahrsam nehmen und nach Dresden bringen. Nach sieben Jahren hatte der Alchemist zwar nicht die Rezeptur für Gold gefunden, aber für Porzellan, das „weiße Gold". 1710 wurde in Meißen die noch heute bestehende und älteste europäische Manufaktur gegründet, deren aktuelles Sortiment 175 000 Artikel umfasst. Zum Museumsbestand gehören 20 000 Porzellane, unter denen jedes Jahr 3000 Exponate ausgewählt und in der Schauhalle ausgestellt werden. Sie repräsentieren einen eindrucksvollen Querschnitt der Formen und Dekorschöpfung von 1710 bis heute. In vier Arbeitsbereichen der Schauwerkstatt können die Besucher die Fertigungsgänge vom Drehen und Formen über das Zusammenfügen von Figurenteilen bis zur Unterglas- und Aufglasmalerei in 35 Minuten verfolgen. 2005 wurde ein großzügiges neues Besucherzentrum mit Fachgeschäft und Museumsshop eröffnet.
Talstraße 9, Tel. (035 21) 46 82 08
www.meissen.de
Mai-Okt. tgl. 9-18, Nov.-April 9-17 Uhr, Erwachsene 8 €, ermäßigt 4 €, Familien (2 Erw. und Kinder bis 18 Jahre) 18 €

Albrechtsburg
Der 1485 vollendete spätgotische Profanbau mit Renaissancemerkmalen ist der erste Schlossbau Deutschlands.
März-Okt. 10-18, Nov.-Febr. 10-17, 24., 25. u. 31. Dez. sowie 10.-31. Jan. geschl., Eintritt 3,50 €, Kombikarte Albrechtsburg/Dom 5,50 €, Ermäßigungen und Veranstaltungen unter
www.albrechtsburg-meissen.de

Dom
1260-1410 errichtet, Grablege der Wettiner bis 1539. Kostbare Glasgemälde (1270) im Chor, spätgotischer Altar (frühes 16. Jh.), herrlicher Blick von den Domtürmen.
Apr.-Okt. 9-18, Nov.-März 10-16, Domkonzerte Sa. 17 oder 18 Uhr, Eintritt 2,50 €, erm. 1,50 €, Familien 6,50 €
www.meiland.de/dom-zu-meissen

Dresden
à la carte
24,90 Euro
12 Heftausgaben PRINZ Dresden
inkl. PRINZ CARD 'DRESDEN FOR FRIENDS'
Ob Gastronomie, Kultur, Nightlife oder Wellness, mit PRINZ DRESDEN entdecken Sie Dresden jeden Tag auf ein Neues und genießen zugleich mit der PRINZ CARD 'DRESDEN FOR FRIENDS' bei über 60 Partnern in Dresden doppelt- und zahlen nur einmal! Noch Fragen? Hotline 0351 / 315 40 600 oder www.dresdenforfriends.de
DRESDEN ÜBER 2000 VERANSTALTUNGS-TIPPS OKTOBER 22.9.–31.10.
PRINZ
Nur 1 € ,50
PRINZ CITYGUIDE
BARCELONA
Die heimliche Hauptstadt Europas
NEW YORK
Drei Monate PRINZ-Superpraktikum + Stipendien für 30000 Euro
SCHNELLES GELD
Die besten Agenturen für Promo- und Studentenjobs in Dresden
DRESDENS BESTE PARTYS
AUFGEMÖBELT
Die besten Living-Adressen in Dresden
e Sieger
s PRINZ-Modelcontests
DRESDEN FOR FRIENDS CARD
Gastro Kultur Nightlife Wellness
HANS MUSTERMANN
044 789 65 432
05/05-05/06
PRINZ
Al Capone + A NIGHT TO REMEMBER® + Balance Bar + Blauer Salon im Parkhotel + Blumenau +
Bodyart ^ Die Wellnesslounge + Café Kontinental + Café/Restaurant LINGNER + Café Neustadt +
Café Rosengarten + Canaletto + Canapé + Cat Club + Classic American Bar + Cuchi Restaurant +
Cuchi Lounge + Down Town + Der Wellnessprofi + Dresdner Kabarett + Elbetaxi ^ Das Bootsabenteuer + El Goucho + Estancia Steakhouse + German Club® + Golfanlage Ullersdorf +
Jean Luc + Dresdner Kabarett Breschke&Schuch + Kamasutra + Kartbahn Löbau + Katy´s Garage + Kö&Co + Beauté + Kö&Co Coiffeur + L´Art De Vie + Lofthouse + M.5 Nightlife +
Maharadscha + Mega Fit + New Town Bar + Nudelturm + Pailin + Paintball Base Bautzen + Peaches + Pinta + Pizza Hut + Rauschenbach + Restaurant MEISSEN® + Saunalust + Schmidt´s
Restaurant + Sea Life Großaquarium + Showbarr + Showboxx + Sommerrodelbahn Altenberg + Staatsschauspiel Dresden/Kleines Haus + Staatsschauspiel Dresden/Schauspielhaus +
Sternwarte Radebeul + Studiobar + Summer Chillout Club + Sun Dash + Taschenberg + Theater im Wechselbad + Theater Junge Generation + Thomas Sport Center + Times +
TJG-Puppentheater + UFA-Kristallpalast + Vinothek im Bellevue + Washroom + Wasserskianlage Rossau + Winter Chillout Club + X-Park Dresden + Zoo

1

2

3

4

Hellerau oder Das

Am Anfang war die Vision einer neuen Lebensform. Der Tischler Karl Schmidt baute in der Dresdner Heide die Deutschen Werkstätten Hellerau und eine der ersten deutschen Gartenstädte. Künstler schufen hier ein Arkadien – heute fast vergessen. Zum Erfolgsmodell aber wurden die Werkstätten Text: Tibor M. Ridegh

Nein, fotografiert werden darf das schöne Stück leider nicht. Und auch der Auftraggeber der luxuriösen Hochseeyacht, in die dieses formvollendete Raumelement später eingebaut wird, bleibt ungenannt. „Dafür aber", sagt Anette Hellmuth, „können Sie fast alle unsere anderen Anfertigungen nicht nur betrachten, sondern sogar nutzen: Eine der letzten ist das Hauptportal D der Frauenkirche, übrigens eine komplette Arbeit unserer Lehrlinge."

Die Mitarbeiterin der Deutschen Werkstätten Hellerau (DWH) könnte jetzt die Ausstattungen von Landtag, Synagoge, Kästner-Museum und Semperoper aufzählen, Kongresszentrum und Schloss Wackerbarth, auch den Fan-Shop-Bus des Kräuterlikörbrauers Jägermeister oder den feinen, inzwischen als InterCity verkehrenden Business-Zug Metropolitan. Und sie wüsste noch viele weitere Namen aus den Auftragsbüchern zu nennen: Auswärtiges Amt, Unternehmenszentrale von Bayer in Leverkusen, Bertelsmann in Berlin, Luxushotels, Banken und Versicherungskonzerne. Überall ist DWH drin, und längst gehören die Werkstätten zu den ersten Adressen der Innenausbauer.

Die Kernkompetenz der Hellerauer ist Holz. Sie erfanden einst die Tischlerplatte, die aus zwei äußeren Furnieren und verleimten Leisten in der Mittellage besteht. Dieses Stabsperrholzstück revolutionierte den Möbelbau. Doch so manches Mal schon ist das Traditionsunternehmen vom Holzweg abgekommen. Was immer Designer und Architekten sich in Aluminium, Stahl, Marmor, Plexiglas, Kunststoff und sogar Pergament erträumen, wird von den Deutschen Werkstätten mit extremer Maßgenauigkeit konstruiert. „Sonderfertigung" lautet der Begriff für diese Unikate und Prestigeobjekte. Er stammt aus der DDR-Zeit, als noch Möbel durch das Hellerauer Heimatstil-Tor die Fabrik verließen.

1 Nach Gutsherrenart: Deutsche Werkstätten 2 Konstruktivistisch: Sideboard (Petzinka Pink Architekten) 3 Realist und Träumer: Karl Schmidt (um 1893) 4 Davidstern-Muster: Flügeltüren des Thoraschreins der Dresdner Synagoge (Architekten Wandel Hoefer Lorch + Hirsch) 5 Reduktionskost: Speisezimmer von 1939 (Fritz August Breuhaus) 6 Die Kunst der feinen Fuge: Interieur der Synagoge

Maß aller Dinge

„Hier sind 27 Typen Bretter, macht da mal Möbel draus", soll Tischlermeister Karl Schmidt seine Mitarbeiter aufgefordert haben. Der Webersohn aus Zschopau, der als Wandergeselle in englischen Betrieben den Wandel von handwerklichen Arbeitsmethoden zu mechanisierter industrieller Produktion miterlebte, strebte *das* formschöne, qualitätvolle und dennoch erschwingliche Möbelstück an. 1898 gründete er eine rasch florierende Bautischlerei mit Möbelfabrikation, Produktion kunstgewerblicher Gegenstände und gewann viele Künstler als Partner. Seine „Dresdner Werkstätten für Handwerkskunst" beteiligten sich an deutschen und internationalen Kunstausstellungen, heimsten auf den Weltausstellungen in Paris und St. Louis Preise und Medaillen ein und wurden Gründungsmitglied und zunächst auch Sitz des Deutschen Werkbundes.

Schmidt betrieb die erste industrielle Möbelfertigung Deutschlands, aber nicht nur. Der Mann war ein leidenschaftlicher Sozialromantiker, angetan von der aus England kommenden Gartenstadt-Idee als Lebensform. Raus aus den engen Industrievierteln, den trostlosen Mietskasernen und hinein in eine gesunde Umgebung im Grünen. Draußen vor der Stadt gemeinsam wohnen, arbeiten, sich bilden und erholen, das war seine Vision

Von der Straßenbahnhaltestelle Festspielhaus Hellerau geht es den Heideweg abwärts ins Tal. Genau hier muss Schmidt mit dem Fahrrad entlanggekommen sein, als er 1906 ein Gelände für sein Unternehmen und die zu gründende Siedlung suchte. Am heutigen Moritzburger Weg fand er den idealen Platz. Dort, vor dem geschwungenen, restaurierten Tor zu den Deutschen Werkstätten, wartet Christoph De Rentiis, ein Enkel von Karl Schmidt. Der Kultur- und Theaterwissenschaftler führt gern Besucher durch Hellerau (s. S. 118). „Nicht zufällig stehen wir hier auf sandigem Grund", erzählt er. „Schmidt war ein ökologisch denkender Unternehmer. So wie er forderte, im Laufe eines Jahres nicht mehr Holz zu verbrauchen, als im selben Zeitraum nachwächst, so sehr achtete er darauf, dass wertvoller Boden nicht dem Ackerbau entzogen wird."

Der Grundstein für den Fabrikneubau wurde 1909 gelegt, der Bebauungsplan für die Gartenstadt schon in den Jahren zuvor entwickelt. „Die Verbindung von Idee und Geschäft, was bei meinem Großvater ja mehr war als eine Geschäftsidee", sagt De Rentiis, „konnte nur gelingen, weil er zur richtigen Zeit zwei andere Visionäre getroffen hatte." Einer war Wolf Dohrn, ein kunstsinniger Ökonomiestudent

1 Geborgen: Straße Am Grünen Zipfel der Kleinhaussiedlung von Richard Riemerschmid
2 Nachbau: Hellerauer Eichenholztor am Hauptportal D der Dresdner Frauenkirche

und Organisator, der andere der bayerische Architekt Richard Riemerschmid, der Mann für die Gesamtkonzeption eines Areals von 150 Hektar. Die Fabrik, Arbeitsplatz für 500 Menschen, wurde bereits 1910 fertig gestellt, und rasch entstanden im Kleinhausviertel Reihenhäuschen für Arbeiter, im Landhausviertel Villen sowie Dienstleistungsfirmen und Geschäfte. 1910 lebten 60, 1913 bereits 400 Familien in der Siedlung.

Die Straße Am Grünen Zipfel ist so eine Adresse, wo man gern seinen Möbelwagen entladen ließe. Beschützende, aneinandergereihte Kleinhaustypen mit gemütlichen Mansarddächern von Richard Riemerschmid säumen die gekrümmte und wie zu einem Anger geweitete ansteigende Straße. Hier eröffnen sich immer neue Raumeindrücke. „Gropius sprach abfällig von ‚Bauernromantik'", erzählt De Rentiis. – Aber die sei doch hoffentlich denkmalgeschützt? – Gewiss. Und dann berichtet Schmidts Enkel über seine Arbeit in der Baupflegekommission. Natürlich genügten die Wohnflächen heute nicht mehr den Ansprüchen von Familien, die besonders gern nach Hellerau kämen. Zur Straße hin ließe der Denkmalschutz zwar nicht mit sich reden, aber an den Rückseiten und im Innenbereich sei man den Bewohnern mit Baugenehmigungen weit entgegengekommen. Das gelte auch für den Typ des schlichten Patenthauses des Architekten Heinrich Tessenow, das Vater, Mutter und Kind zu einem großen Teil in Selbstbauweise hochziehen konnten. In den kleinen Gärten recken sich Spalierobst und Blumenstauden. Bausünden, wenn es sie gibt, bleiben versteckt.

Wer mit Gartenstadtführer De Rentiis in Hellerau unterwegs ist, muss gut zu Fuß sein. Denn es geht noch durchs Landhausviertel, zum berühmten, 1924 in neun Tagen gebauten De-We-Plattenhaus mit Flachdach von Bruno Paul, zur Holzhaussiedlung am Sonnenhang mit dem Fertighaus von Wilhelm Kreis und zu Tessenows miteinander verbundenen Villen. Beide erinnern an Goethes Weimarer Gartenhaus.

Den Lebensentwurf Hellerau hatte 1909 ein künstlerisches Modell vervollständigt. Die Integration von Kultur und Bildung übernahm Émile Jaques-Dalcroze, ein Genfer Tanzpädagoge, zu dessen Schülern später auch Mary Wigman gehörte. Jaques-Dalcrozes rhythmische Gymnastik wurde zur „Kunst als Bildungsmittel" stilisiert. Tessenow baute 1911 an erhöhter Stelle der Gartenstadt das neoklassizistische Festspielhaus als „Bildungsanstalt" für den Schweizer.

Das Dorf im Norden Dresdens wurde Pilgerziel für Europas Künstler und Intellektuelle. 5000 kamen im Juli 1913 zu Glucks „Orpheus und Eurydike", unter ihnen Rachmaninow, von Hofmannsthal, Shaw, Max Reinhardt. Wenige Monate später, am 5. Oktober bei der Premiere von Claudels „Verkündigung", trafen sich Stefan Zweig, Rilke, Henry van de Velde, Kokoschka, Hauptmann, Else Lasker-Schüler, Martin Buber, Pinthus, Rowohlt und Kippenberg im Festspielhaus. Das war aber auch schon der Abschied der Avantgarde von Hellerau – nur wusste es noch niemand.

Helleraus Stern sank, bevor er vollends aufgegangen war. Es drückte eine ungeheure Schuldenlast, Dohrn hatte sich mit Schmidt und Riemerschmid überworfen; er verunglückte tödlich. Jaques-Dalcroze war zu Beginn des Ersten Weltkriegs in der Schweiz, entsetzt vom nationalistischen Geschrei in Deutschland kehrte er nie zurück. In der Weimarer Zeit verebbte, trotz mancher Höhepunkte, der künstlerische und intellektuelle Schwung, dann kamen die Nazis und machten aus dem Festspielhaus eine Polizeischule. Nach 1945 gab die Rote Armee dem Komplex den Rest. Karl Schmidt starb 1948 im Alter von 75 Jahren.

Christoph De Rentiis gelingt es, den Besuchern durch den Hintereingang einen Blick in das neoklassizistische Festspielhaus zu verschaffen. Es ist total entkernt. Doch die einstige Wiege des modernen Ausdruckstanzes wird ab 2006 eine großartige Neubelebung erfahren: Hier, im Europäischen Zentrum der Künste Hellerau, wird sich der Choreograph William Forsythe mit seinem Ensemble niederlassen.

Die Deutschen Werkstätten Hellerau haben ihre bauliche Sanierungskur längst abgeschlossen. Die Grundbesitz Hellerau GmbH schuf Atelierhäuser und siedelt darin Hightech-Unternehmen an. Die Werkstätten selbst bauen neben dem tratidionsreichen Gelände neu. Die Möbelproduktion aber ist seit 1992, nach Übernahme von der Treuhand, eingestellt.

„Mit dem Möbelbau konnten die Deutschen Werkstätten Hellerau auf dem labilen deutschen Markt nicht überleben", sagt Geschäftsführer Fritz Straub, „und darum haben wir mit den alten Werkstätten eigentlich nichts mehr zu tun. Aber wir entwickeln Produkte, die in der Verbindung zwischen Technik und Präzisionshandwerk einmalig sind, und so gesehen stehen wir doch in der Tradition. Nichts anderes haben die damals auch gemacht!" ☐

Tibor M. Ridegh *ist Redakteur dieser* MERIAN-*Ausgabe.*

Wir sehen uns in Amerika.
Hans Meier
5th Avenue / NY
USA

Im Zentrum von Loschwitz führt der Weg zur Kirche (1705–08), der kleinen Generalprobe des Baumeisters George Bähr für die Frauenkirche. Und von oben gelangt man ins Dorf mit der ersten Bergschwebebahn der Welt (1898–1900), die in vier Minuten 84 Höhenmeter überwindet

Die Lust in Loschwitz zu leben

Ist hier eigentlich noch Dresden? Genau genommen ja. Und doch ist man mit Straßenbahn und Stadtbus innerhalb von 30 Minuten in eine andere Welt gekommen

Text: Hans-Peter Lühr, Fotos: Gregor Lengler

Die Friedrich-Wieck-Straße ist das Herz des alten Fischer- und Weindorfs. Hier gibt's Läden mit Kunsthandwerk und Bildern

Maler eroberten die Rebhügel

Am schönsten ist Loschwitz in Blasewitz. Wer an einem Sommerabend vor einem Glas Wein von der Balustrade des Schillergartens über den Fluss auf die gegenüber liegenden Elbhänge blickt, wird sich die Augen reiben: In welchem Süden bin ich hier? Ein ruhig bewegter Hang in üppigem Grün, geziert mit einer Fülle pittoresker Villen zwischen altdeutschem und römischem Habitus, die der pure Lebensgenuss hierher gesetzt haben muss. Der „italische Himmel", den einst Kleist – wiewohl selbst nie in Italien gewesen – über der Brühlschen Terrasse schwärmerisch

Beste Hanglage mit Südblick. An der Plattleite, die sich zuerst als Straße, dann als Pfad zum Elbufer hinunterzieht, liegt diese Villa. Eine von vielen aus den Gründerzeitjahren des Nobelviertels Oberloschwitz-Weißer Hirsch

ausgemacht hatte, hier scheint er noch immer seine Leuchtkraft zu haben. Oder macht das der Wein, mit dem bis zur Mitte des 19. Jahrhunderts fast der gesamte Elbhang bewachsen war?

Dieses Loschwitzer Elbpanorama hat etwas von Postkartenblick: vor uns das „Blaue Wunder", die berühmte, gut hundert Jahre alte stählerne Brücken-Rarität; vis-à-vis die Ortschaft Loschwitz, bekrönt von der weißen Villa Manfred von Ardennes und der Panoramagaststätte Luisenhof. Rechts gleiten

Start zum Wandertag an der Bergstation der alten Schwebebahn in Oberloschwitz

kam in die Dresden Elbdörfer

die bewaldeten Hänge die Elbe hinauf Richtung Pillnitz. Die Augen nehmen den Fernsehturm als Bildbegrenzung und wir – den Weg über die Brücke.

„Blaues Wunder", das ist ein freundlicher Name für eine Flussüberquerung. Als sie 1893 eingeweiht wurde, war sie mit ihren gut 140 Metern Spannweite auch für das industrialisierte Sachsen ein technisches Wunderwerk. 3000 Tonnen vernieteter Walzstahl waren für eine raffinierte Kräfteverteilung in der Brücke benötigt worden,

Den Loschwitzer Elbgängen gegenüber liegen die Villenviertel Blasewitz und Striesen. Der Weg führt über das „Blaue Wunder"

Gründerzeitliches Ensemble am Körnerplatz, so vital wie gemütlich. Doch „Kiez" wäre etwas zu abgehoben für die Loschwitzer Lebensart

die seinerzeit auf Stabilität ganz praktisch unter anderem mit im Gleichschritt marschierenden Soldaten getestet wurde.

Mit dem „Blauen Wunder“ kam auch das damals noch ferne Dresden in die alten Elbdörfer – in Gestalt geschlossener vierstöckiger Bebauung. Der Körnerplatz, dem wir uns nun nähern, hat mit seinen Gründerzeitgebäuden – noch ist ein Teil arg verkommen – ausgesprochenen Stadtcharakter,

Schau-Platz Körnergarten. Hier steht man nur ungern wieder auf

Lesestunde im Boudoir von Isolde Hoch: Die Töchter Elisabeth und Undula lauschen gespannt

Das Traubenornament am Mauerpfeiler dieser Villa verweist auf die Zeit des Weinbaus am Elbhang

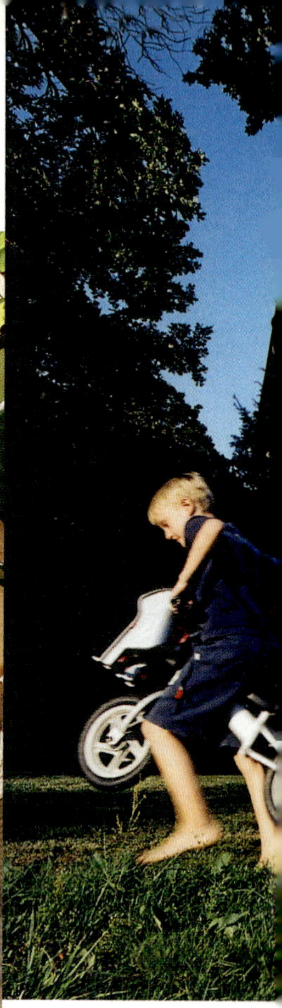

nach schwierigen Anlaufzeiten der 1990er Jahre gibt es hier wieder Läden, Cafés und Galerien.

Hangaufwärts finden sich zwei weitere technische Kuriositäten: Zum Weißen Hirsch, dem berühmten Ort der Sanatorien, führt die 1895 erbaute Standseilbahn, nach Oberloschwitz die restaurierte, fast gleichaltrige Schwebebahn. Auf den Fahrgast warten eindrucksvolle Fernblicke und auf der beschaulichen Vier-Minuten-Fahrt die Landhäuser und Villen des wohlhabenden Bürgertums. Um 1900 setzte hier ein regelrechter Bauboom ein. Allein der von Gottfried Semper inspirierten Neorenaissance könnte man eine eigene Spurensuche durch Loschwitzer Sommervillen widmen.

Dieser Hang zur schönen Natur hat seine Geschichte. Viele Maler der Romantik siedelten oder arbeiteten hier. Adrian Zingg aus der Schweiz war einer der Ersten, die die Landschaft in ihren Zeichnungen schilderten. Caspar David Friedrich mietete sich im Sommer 1803 in Loschwitz ein: „Glücklicher, wie ich mich jetzt dünke, kann wohl keiner sein", schrieb er in sein Tagebuch. Es folgten Gerhard von Kügelgen, Carl Gustav Carus und Ludwig Richter, der drei Jahrzehnte lang jeden Sommer „in größter Einsamkeit" in den Loschwitzer Bergen arbeitete und einen biedermeierlichen Künstlerkreis um sich versammelte.

Als sich die Zeiten änderten, wurde August Kotzsch als Chronist seines Ortes auch zum Dokumentaristen des Umbruchs von der Romantik zur Verstädterung. Seine kunstvollen, malerischen Fotografien erzählen von beidem, dem alten Ludwig Richter und der neuen Brücke, von romantischer Dörflichkeit und den neuen Dampfschiffen. Ein bevorzugter Ort für die Kunst ist Loschwitz bis heute geblieben.

Eine Viertelstunde zu Fuß liegt an der Landstraße Richtung Pillnitz – empfohlen sei der Weg an der Elbe – das Künstlerhaus, ein origineller Jugendstilbau, der seit 1898 gut einhundert bildenden Künstlern Atelier und Wohnung bot, unter ihnen Josef Hegenbarth und Hermann Glöckner. Als Institution war er ein Novum in Deutschland.

Auf dem Weg vom Körnerplatz Richtung Elbe lässt sich ein Stück vom alten Loschwitz erleben. Der Dorfkern ist umstanden von den Häusern der einstigen Fischer und Fährleute, Weinbauern und Handwerker – im Haus Nr. 10 lebte Friedrich Wieck, der Vater von Clara Schumann. Viele dieser Anwesen sind von ihren heutigen Besitzern – unterstützt von einem Denkmalpflegeplan – restauriert oder wie die Galerie Hieronymus des Künstlerpaares Angelika und Peter Makolies zum Teil im alten Stil neu erbaut worden.

Mit wachsender Elbnähe war die Sanierung nach der Flut 2002 freilich auch zur Zwangsarbeit geworden – der alte Körnergarten mit Blick auf den Fluss hatte völlig Land unter. Die Stammtische der Anwohnerschaft liegen hier inzwischen wieder stabil vor Anker und verhandeln die Weltläufte. Gegenseitige Hilfe und Selbermachen war hier schon immer eine zentrale Devise, zuweilen als eine Art produktiver sächsischer Renitenz, die sich im Osten als Überlebensmittel bewährte.

So entstanden hier diverse Initiativen. In den siebziger Jahren machten junge Künstler das Leonhardi-Museum in der Grundstraße zu ihrem von der Kulturpolitik misstrauisch beäugten, experimentellen Ausstellungsort, der heute, rekonstruiert, die Jungen von damals mit denen von heute ins Kunstgespräch bringt. Ebenfalls eine Bürger-

Villa „Rosenhof", 1884–86 im Stil des Neohistorismus gebaut, ist seit vier Generationen im Besitz der Familie Hoch

Licht wie von südlichen Himmeln

initiative war es, die Anfang der Neunziger den Wiederaufbau der Loschwitzer Kirche von George Bähr, dem Frauenkirchenbaumeister, in Gang setzte. Die Kirche wurde ausgestattet mit dem geretteten Renaissance-Altar der Sophienkirche und bietet Musik rund um das Jahr.

Die bedeutendste Loschwitzer Bürgerbewegung aber ist das Elbhangfest, das jährlich am letzten Juniwochenende zwischen Loschwitz und Pillnitz mit Konzerten und Tanz, Lesungen und Theateraufführungen, Kinderspaß und Improvisationen auf sieben Kilometern eine ganze Region in Schwung bringt. Kunst- und Bürgerfest in einem, entstand es 1990 aus der unbändigen Bewegungslust der Wendezeit. Einen besonderen Glanz bekam das Elbhangfest 2005. Das Dresdner Elbtal von Pillnitz bis Übigau ist nämlich 2004 Unesco-Weltkulturerbe geworden und am 25. Juni 2005 folgte die festliche Urkundenverleihung für das große Publikum in Loschwitz. Spötter allerdings argwöhnen durch diese Nobelitierung nunmehr bei den Elbhangbewohnern gewisse Abhebekräfte. Ebenso wird von frohen Trinkern berichtet, die sich in Bedrängnis auf Unesco-Schutz berufen haben sollen. Kurzum, eigenwillige Charaktere trifft man hier allenthalben.

Womit wir bei Schiller wären, dem wohl berühmtesten Loschwitzer. Fast zwei Jahre, ab September 1785, war der bettelarme junge Dichter bei seinem Verehrer Christian Gottfried Körner in Dresden zu Gast, auch in dessen Weinberghaus an der Elbe. In dieser Zeit entstand das Hohelied auf die Elementarkraft der Freundschaft, die Ode „An die Freude". Auch am „Don Carlos" hat Schiller damals geschrieben. Im Juli 1787 verließ er die Stadt Richtung Weimar, nicht ohne ein paar giftige, gern zitierte Sprüche über das „zusammengeschrumpfte Volk" der Dresdner zu hinterlassen. Der Schillerhäuschen genannte Gartenpavillon (Zugang Schillerstraße) ist heute das kleinste Museum der Stadt, das Weinberghaus wird nach seiner Instandsetzung wieder ein Erinnerungsort für die beiden Freunde Körner und Schiller sein, die der Region so fleißige Namensgeber wurden.

Geht man also den Körnerweg vom Körnerplatz zum Körnerhaus, sollte man gleich weiter Richtung Innenstadt laufen. Das ist einer der schönsten Wanderwege nach Dresden hinein. Er führt vorbei an besonders edlen Varianten, an diesem Elbhang zu siedeln: am alten Weingut des berühmten Hofjuweliers Dinglinger, an den Schlössern des preußischen Prinzen Albrecht mit ihren herrlichen Parkanlagen, dem musealen ersten Wasserwerk Dresdens und dazwischen dem heute multifunktionell genutzten, gleichwohl noch immer gruseligen Areal der Dresdner Stasi.

Damit stehen wir an der Grenze der Loschwitzer Fluren mit Idealblick auf die Innenstadt – noch: Denn nach dem Mehrheitswillen der Dresdner wird hier, an einer der breitesten Stellen des geschützten innerstädtischen Elbauengebietes, demnächst eine neue Brücke hart ins Gelände greifen. Pragmatismus versus Schönheit – das alte Lied seit Schillers Zeiten, mindestens. □

Hans-Peter Lühr, *leitender Redakteur der* Dresdner Hefte *und Geschäftsführer des Dresdner Geschichtsvereins, lebt in Dresden-Niederpoyritz ebenfalls am Elbhang.*
Gregor Lengler, *Fotograf aus Hamburg, fühlte sich an Blankenese, Hamburgs Nobelvorort an der Elbe, erinnert.*

MERIAN

Heft 11/2005, November, Erstverkaufstag dieser Ausgabe ist der 20.10.2005
MERIAN erscheint monatlich im Jahreszeiten Verlag GmbH, Poßmoorweg 5, 22301 Hamburg
Tel. 040/27 17-0, Fax 040/27 17-20 56 **Anschrift der Redaktion:** Poßmoorweg 2, 22301 Hamburg
Postfach 130444, 20139 Hamburg, E-Mail: Redaktion@Merian.de, Tel. 040/27 17-0
Website: www.merian.de **Leserservice:** Postfach 601220, 22212 Hamburg
Tel. 040/87 97 35 40, Fax 040/27 17-20 79 **Syndication:** www.jalag-syndication.de
GourmetPictureGuide: Stefanie Lüken, Tel. 040/271 720 02, Fax 040/27 17 20 89, www.gourmetpictureguide.de

Herausgeber: Manfred Bissinger
Chefredakteur: Andreas Hallaschka
Art Directorin: Sabine Lehmann **Chef vom Dienst:** Tibor M. Ridegh **Redakteure:** Kathrin Sander, Charlotte von Saurma, Roland Benn (freie Mitarbeit),Thorsten Kolle (freie Mitarbeit)
Redakteur dieses Heftes: Tibor M. Ridegh **Schlussredaktion:** Tibor M. Ridegh, Jasmin Wolf
Layout: Cornelia Böhling, Ingrid Koltermann, Dorothee Schweizer (stellv. Art Directorin)
Bildredaktion: Hanni Rapp, Eva M. Ohms, Lars Lindemann (freie Mitarbeit) **Bildredakteurin dieses Heftes:** Hanni Rapp
Kartographie: Peter Münch **Dokumentation:** Jasmin Wolf, Sebastian Schulin (freie Mitarbeit)
Mitarbeit: Violetta Bismor, Helmut Golinger, Susanne Rieger, Kristina Schlegel, Annett Rensing
Herstellung: Karin Harder **Redaktionsassistenz:** Sabine Birnbach, Katrin Eggers
Geschäftsführung Premium Magazine: Peter Rensmann **Verlagsleitung Premium Magazine:** Oliver Voß
Gesamt-Anzeigenleitung: Roberto Sprengel **Anzeigenleitung:** Christel Janßen
Anzeigenstruktur: Patricia Hoffnauer **Marketing:** Kenny Machaczek, Ulrich Rieger, Sonja Wünkhaus
Vertriebsleitung: Jörg-Michael Westerkamp (Zeitschriftenhandel), Uwe Diestelrath (Buchhandel)
Verantwortlich für den redaktionellen Inhalt: Andreas Hallaschka
Verantwortlich für Anzeigen: Roberto Sprengel

Verlagsbüros Inland:
Hamburg: Tel. 040/27 17-25 95, Fax -25 20, E-Mail: vb-hamburg@jalag.de
Berlin: Tel. 030/80 96 23-60, Fax -70, E-Mail: vb-berlin@jalag.de
Hannover: Tel. 0511/85 61 42-0, Fax -19, E-Mail: vb-hannover@jalag.de
Düsseldorf: Tel. 0211/901 90-0, Fax -19, E-Mail: vb-duesseldorf@jalag.de
Frankfurt: Tel. 069/97 06 11-0, Fax -44, E-Mail: vb-frankfurt@jalag.de
Stuttgart: Tel. 0711/966 66-520, Fax -22, E-Mail: vb-stuttgart@jalag.de
München: Tel. 089/99 73 89-30, Fax -44, E-Mail: vb-muenchen@jalag.de

Repräsentanzen Ausland:
Basel: Intermag AG, Tel. +4161/275 46-09, Fax -10, E-Mail: info@intermag.ch
London: The Powers Turner Group, Tel. +44 20/7630 99 66 Fax 76 30 99 22, E-Mail: cweiss@publicitas.com
Mailand: Media & Service International Srl, Tel. +39 02/48 00 61 93, Fax 48 19 32 74, E-Mail: info@it-mediaservice.com
Paris: International Magazine Company, Tel. +331/53 64 88 91, Fax 45 00 25 81, E-Mail: imc@international.fr
Madrid: Alcála Media International Media Representation, Tel. +34 91/326 91 06, Fax -07, E-Mail: alcalamedia@retemail.es
Wien: Publimedia Internationale Verlagsvertretungen GmbH, Tel. +43 1/21530, Fax 2121602, E-Mail: ppn-vienna@publicitas.com
New York: The Russell Group Ltd., Tel. +12 12/213 11-55, Fax -60, E-Mail: info@russellgroupltd.com

Die Premium Magazin Gruppe im Jahreszeiten Verlag

A&W Architektur & Wohnen · COUNTRY · DER FEINSCHMECKER · WEIN Gourmet · MERIAN

Gültige Anzeigenpreisliste: Nr. 37e

Preis im Abonnement im Inland monatlich 6,37 € inklusive Zustellung frei Haus. Der Bezugspreis enthält 7 % Mehrwertsteuer. Auslandspreise auf Nachfrage. Postgirokonto Hamburg 132 58 42 01 (BLZ 200 100 20) Commerzbank AG, Hamburg, Konto-Nr. 611657800 (BLZ 200 400 00) Führen in Lesemappen nur mit Genehmigung des Verlages. Printed in Germany

Weitere Titel im Jahreszeiten Verlag: Für Sie, petra, vital, PRINZ, A&W Architektur & Wohnen, COUNTRY, DER FEINSCHMECKER, WEINGourmet, schöner reisen, ZUHAUSE WOHNEN, selber machen
Litho: Alphabeta Druckformdienst GmbH, Hamburg. Druck und Verarbeitung: heckel GmbH, Nürnberg, schlott Gruppe
ISBN: 3-8342-0618-0, ISSN 0026-0029 MERIAN (USPS No. 011-458) is published monthly. The subscription price for the USA is $ 110 per annum. K.O.P.: German Language Publications, Inc., 153 South Dean Street, Englewood NJ 07631. Periodicals postage is paid at Englewood NJ 07631, and at additional mailing offices. Postmaster: send address changes to: MERIAN, German Language Publications, Inc. 153 South Dean Street, Englewood NJ 07631.

JAHRES ZEITEN VERLAG

Ein Unternehmen der
GANSKE VERLAGSGRUPPE

Kuppeln und Fassaden im Abendlicht: eine Augenweide für unsere Fotografen Horst und Daniel Zielske

Bildnachweis

Anordnung im Layout: o=oben, u=unten r=rechts, l=links, m=Mitte.
Titel: Horst & Daniel Zielske; S. 3 ol Michael Müller, or H.& D. Zielske, mr H.& D. Zielske, S. 3 u Gemäldegalerie Alte Meister, Staatliche Kunstsammlungen Dresden; S. 6 m Sabine Wenzel, u Peter Hirth; S. 6/7 o P. Hirth; S. 7 or Grünes Gewölbe/Staatliche Kunstsammlungen Dresden/Jürgen Karpinski, m Klaus Bossemeyer, ul Gregor Lengler, ur Marc-Oliver Schulz; S. 10 ol Sächsische Landesbibliothek, Abteilung Deutsche Fotothek, Dresden, or, ml, mr Jochen Zimmermann, u Sächsische Landesbibliothek, Abteilung Deutsche Fotothek, Dresden/Erich Höhne/Erich Pohl; S. 12 o Gemäldegalerie Alte Meister, Staatliche Kunstsammlungen Dresden/ Estel/Klut, ml, mr, u Bernd Cramer; S. 14 o TrabiSafari, m DPA, ul D. Harms/Wildlife, ur August-Rex; S. 16-29 H.& D. Zielske; S. 30 or, ol Grünes Gewölbe/Staatliche Kunstsammlungen Dresden/J. Karpinski; S. 30/31 Grünes Gewölbe/Staatliche Kunstsammlungen Dresden; S. 31-33 l Grünes Gewölbe/Staatliche Kunstsammlungen Dresden/J. Karpinski; S. 33 r Horst Kloever/laif; S. 34 ol Grünes Gewölbe/Staatliche Kunstsammlungen Dresden/J. Karpinski, or Porzellansammlung Zwinger/ Staatliche Kunstsammlungen Dresden/J. Karpinski, ul, um, ur Grünes Gewölbe/Staatliche Kunstsammlungen Dresden/J. Karpinski; S. 35 o Grünes Gewölbe/Staatliche Kunstsammlungen Dresden/J. Karpinski; S. 36 Gemäldegalerie Alte Meister, Staatliche Kunstsammlungen Dresden; S. 38-45 K. Bossemeyer; S. 46 H. & D. Zielske; S. 47 Ullstein/Baumann; S. 48/49 Harf Zimmermann, S. 50/51 Matthias Rietschel/AP; S. 52/53 Harf Zimmermann; S. 54-55 o Jörg Schöner; S. 55 u Gemäldegalerie Alte Meister, Staatliche Kunstsammlungen Dresden; S. 56-57 o J. Schöner; S. 57 u IPRO Planungs- und Ingenieuraktiengesellschaft, Dresden; S. 58 o Harf Zimmermann; u Bildsammlung Landesamt für Denkmalpflege Sachsen, Repro W. Rabich 1999, S. 59-60 o J. Schöner, S. 60 u Jens Christian Giese, S. 61 o Arnd Wiegmann/Reuters/Corbis, S. 61 u Martin Specht/ Agentur Focus; S. 62-68 Bernd Cramer; S. 70-74 Sabine Wenzel; S. 75 o, u Jussi Tiainen; S. 76 SPL/ Agentur Focus; S. 77 Christine Panagiotidis/MPI-CBG, Dresden; S. 78/79 P. Hirth; S. 80/81 H.& D. Zielske; S. 82-84 P. Hirth; S. 90-96 Marc-Oliver Schulz; S. 98 ol Deutsche Werkstätten Hellerau; S. 98 or Thomas Riehle/Artur, ul, ur aus: Klaus-Peter Arnold, Vom Sofakissen zum Städtebau. Die Geschichte der Deutschen Werkstätten und der Gartenstadt Hellerau. © 1993 by Verlag der Kunst Dresden; S. 98 um, S. 99 Bernadette Grimmenstein; S. 100 l Karin Ridegh-Hamburg; S. 100 r Dieter Krull; S. 102-109 Gregor Lengler; S. 117 H.& D. Zielske; S.118 Martin Kirchner/laif, S. 118/119 H.& D. Zielske; S. 120 ZB-Special/Jens Wolf/DPA; S. 120/121 H.& D. Zielske; S. 121 Grünes Gewölbe/Staatliche Kunstsammlungen Dresden/J. Karpinski; S. 122 picture alliance/ZB/Wolfgang Thieme; S. 122/123 H.& D. Zielske; S. 124 ZB-Fotoreport/Steffen Füssel/DPA; S. 126/127 Gernot Huber/laif, S. 127 u Thomas Adler; S. 128 Franz Marc Frei, S. 129 l Josef Polleross/Anzenberger; S. 130 o Manfred Curbach, u Archiv Manfred Lauffer; S. 135 Planetobserver.com M-sat; S. 138 o Patrick Loertscher, ul Clemmens Emmler/laif, um Jordis Antonia Schlösser/Ostkreuz, ur Schapowalow/Sime

MERIAN
Die Lust am Reisen
PREMIUM SHOP

Angebote für Leser

In unserem Premium Shop bieten wir allen Lesern exklusive Highlights: Seltene MERIAN Ausgaben aus unserem Archiv und einzigartige MERIAN Sammlerstücke. Zusätzlich erhalten Sie ab einem Bestellwert von 25,00 Euro das „Best of MERIAN“ gratis dazu! Für Ihre Bestellungen verwenden Sie den Coupon auf Seite 115.

JUBILÄUMSHEFT

Best of **MERIAN**

Ein Sammlerstück, das man nicht kaufen kann! Erleben Sie faszinierende Rückblicke in die Geschichte von MERIAN! Zusätzlich beigelegt ist jedem „Best of MERIAN“ eine detaillierte Deutschlandkarte im Posterformat von 52 x 73,5 cm. Ab einem Bestellwert von 25,00 Euro erhalten Sie das „Heft der Hefte“ kostenlos dazu. Für Ihre Bestellung verwenden Sie bitte die Postkarte auf Seite 115.

RARITÄTEN

Lust auf **MERIAN** Geschichte

Für Sammler haben wir unser Archiv geöffnet und offerieren Ihnen seltene Kulturschätze aus über 50 Jahren MERIAN. Die Archivexemplare bieten wir nur noch in sehr begrenzter Stückzahl.

Rufen Sie uns an, wenn Ihnen ein Heft in Ihrer Sammlung fehlt: Tel. 040/87 97 35 40

MERIAN **FAMILY**

AUSGEZEICHNET

MERIAN *live!*

MERIAN *live!* Leipzig: Beim Bummel durch die Messestadt spürt man den Flair einer Stadt der Veränderungen und begreift den neuen Slogan: „Leipzig kommt!“ Die Stadt an der Pleiße ist heute eines der spannendsten Zentren Deutschlands.
MERIAN *live!* Berlin: Hackische Höfe – Wo Berlin sich amüsiert; Galerien und Museen – Wo alte Meister und Junge Wilde sich begegnen; Shopping, Sightseeing, Essen und Trinken. Die ganze Hauptstadt aktuell.

MERIAN *live!* Dresden stellt die Schätze der Kunstmuseen, den Zwinger, die Prunkbauten an der Elbe und die berühmten Theater vor, führt in schicke Restaurants und mitten hinein ins Dresdner Nachtleben. Preis: je 7,95 Euro.
Kennworte: MERIAN *live!* Leipzig, MERIAN *live!* Berlin, MERIAN *live!* Dresden

IMMER AKTUELL

MERIAN im Internet

Über 5000 Tipps und Empfehlungen zu Reisezielen weltweit bietet www.merian.de. Neben aktuellen Sicherheitshinweisen für Reisende und dem umfangreichen Heftarchiv gibt es weitere Services für Abonnenten von MERIAN. Online können alle lieferbaren Hefte und MERIAN Produkte einfach und problemlos von zu Hause aus bestellt werden.
www.merian.de

WEGWEISEND

MERIAN *map*

Lust auf Reisen ans Mittelmeer machen die neue MERIAN *maps*, die nicht nur eine große Regionalkarte mit Stadtplänen kombinieren, sondern auch einen kompakte Reise- und Sprachführer mitliefern. Die umfassenden Informationen zum Reiseziel werden auf der Rückseite der Karte dargestellt. Damit sind sie der ideale Begleiter für spontane Kurzreisen. Folgende Destinationen sind bereits jetzt erhältlich: **Algarve, Andalusien, Costa Brava, Istrien, Italienische Riviera, Kreta, Mallorca, Provence, Sizilien, Toskana.** Preis: jeweils 6,50 Euro.
Kennwort: Map + Destination

UMFASSEND

MERIAN *guide*

88 Strecken laden ein zu Nostalgiefahrten mit dem Zug. Mit historischen Dampf-, Diesel- oder Elektroloks geht es durch zauberhafte Landschaften und reizvolle Städte. Dieser handliche MERIAN *guide* stellt die Geschichte der Strecken und Fahrzeuge vor und enthält jede Menge Informationen über Sehenswürdigkeiten und Freizeit-Tipps rechts und links der ausgewählten Routen. Abgerundet wird er durch ein Glossar mit den wichtigsten Eisenbahn-Fachbegriffen und eine Deutschlandkarte. Preis: 12,90 Euro. **Kennwort: MERIAN *guide* Nostalgiefahrten mit dem Zug**

Nutzen Sie auch den bequemen **BESTELLSERVICE** unter Telefon **0 40/87 97 35 40** oder **www.merian.de/shop**

PROGRAMM

AUSWÄHLEN UND BESTELLEN

Lieferbare MERIAN Titel

Ägypten
Amsterdam
Andalusien
Athen
Autostadt in Wolfsburg
Baden-Württemberg
Baltikum
Barcelona
Berlin
Brasilien
Budapest
Chicago
Cote d'Azur
Das neue Ruhrgebiet
Dominikanische Republik
Elsass
Ferien in Deutschland
Florida
Frankfurt
Franz. Atlantikküste
Gardasee
Große Ferien
Hamburg
Harz
Hongkong
Indiens Norden
Irland
Island
Istanbul
Italien
Japan
Jerusalem
Kalifornien
Kanarische Inseln
Köln
Kopenhagen
Krakau
Kreta
Kroatien
Kuba
Leipzig
Ligurien
Lissabon
Loire
London
Madrid
Mallorca
Marokko
Masuren
Mauritius
Mecklenburg-Vorpommern
Mexiko
Moskau
MS Europa
München
Neapel / Amalfi-Küste
Neuseeland
New York
Oberbayern
Paris
Piemont–Turin
Portugal
Prag
Provence
Rom
Sardinien
Schottland
Schweden
Schweiz
Shanghai
Sizilien
Slowenien
Spaniens Norden
Steiermark
Südafrika
Südengland
Sylt
Thailand
Thüringen
Tirol
Toskana
Türkische Südküste
Umbrien
USA: Der Süden
Venedig
Wasserreich Niedersachsen
Weimar
Wien
Zypern

Bestellhotline:
0 40/87 97 35 40 oder
www.merian.de/shop

Die Lust am Reisen

MERIAN

ABONNEMENT

Bitte freimachen falls Marke zur Hand. Oder senden Sie per Fax an: **040/27172079**

Wenn Sie MERIAN abonnieren möchten, sichern Sie sich Ihr Dankeschön: Das Buch „Reisebilder“, in dem Friedrich Dönhoff erstmals Fotografien veröffentlicht, mit denen seine Großtante Marion Gräfin Dönhoff ihre Reisen seit den 1930er Jahren dokumentierte. Dazu ihre schönsten Reisereportagen.

ANTWORT

MERIAN
Leserservice
Postfach 60 12 20

D-22212 Hamburg

Die Lust am Reisen

MERIAN

PREMIUM SHOP

Bitte freimachen falls Marke zur Hand. Oder bestellen Sie per Fax: **040/27172079**

UMFANGREICH

MERIAN *live!* Sonderausgaben

MERIAN *live!* Reiseführer. Mit Quickfinder in den Klappen, den Attraktionen jeder Reise auf einen Blick und gewohnt exzellenter MERIAN Kartografie.
Preis: 9,90 Euro

Kennwort: MERIAN live!
+ Deutschlands Küste, Österreich, Karibik, oder USA

ANTWORT

MERIAN
Premium Shop
Postfach 60 12 20

D-22212 Hamburg

- ☐ Ich abonniere MERIAN im Jahres-Abonnement für mich selbst.
- ☐ Ich bestelle das Mini-Abonnement von MERIAN für mich selbst.[1]
- ☐ Ich möchte ein MERIAN Jahres-Abonnement verschenken.

Name / Vorname des Beschenkten

Straße / Haus-Nr. / PLZ / Ort

Tel.-Nr. / E-Mail

Die Rechnung und das umseitig jeweilige Dankeschön gehen an: (Adresse bitte unten eintragen). Der Jahres-Abo-Preis für 12 Ausgaben MERIAN beträgt 76,40 Euro frei Haus (innerhalb Deutschlands; Auslandspreise auf Anfrage).

Name / Vorname des Bestellers

Straße / Haus-Nr. / PLZ / Ort

Tel.-Nr. / E-Mail

Gewünschte Zahlungsweise bitte ankreuzen:

☐ **Gegen Rechnung** (Bitte keine Vorauszahlung leisten) ☐ **Bankeinzug** (Bequem und bargeldlos)

Bankleitzahl Kontonummer

Geldinstitut

Vertrauensgarantie: Die Bestellung wird erst wirksam, wenn sie nicht binnen zwei Wochen schriftlich beim MERIAN Leserservice, Postfach 60 12 20, 22212 Hamburg, widerrufen wird. Zur Wahrung der Frist genügt die rechtzeitige Absendung des Widerrufs. Dieses Angebot gilt nur in der Bundesrepublik Deutschland und solange der Vorrat reicht. Das Dankeschön darf ich auch bei Widerruf behalten.
1) Wenn ich nicht innerhalb von 2 Wochen nach Erhalt der 2. Ausgabe des Mini-Abonnements schriftlich beim Leserservice absage, beliefern Sie mich bitte im Jahres-Abonnement (12 Hefte zum Vorzugspreis von 76,40 Euro).
Die Kenntnisnahme dieser Hinweise bestätige ich durch meine Unterschrift:

Datum / Unterschrift ME 11/05 23770/23771/23772

Unser Dankeschön für Ihr Interesse am Mini-Abo:
MERIAN extra Deutschland.

Ein MERIAN Abonnement bietet Vorteile:

1. 15% Preisvorteil
Sie erhalten 12 Ausgaben zum Vorzugspreis von 76,40 Euro statt 90,00 Euro.

2. Service
Sie erhalten jede MERIAN-Ausgabe pünktlich frei Haus. Porto und Verpackung zahlen wir für Sie.

3. Vertrauensgarantie
Eine Bestellung wird erst wirksam, wenn sie nicht binnen 14 Tagen schriftlich beim MERIAN-Leserservice, Postfach 60 12 20, 22212 Hamburg, widerrufen wird. Zur Wahrung der Frist genügt die rechtzeitige Absendung des Widerrufs.

4. Geld-zurück-Garantie
Sie können Ihr Abonnement jederzeit kündigen und erhalten für gezahlte und noch nicht gelieferte Hefte natürlich Ihr Geld zurück.

Bestellen Sie einfach und bequem per

MERIAN-Leserservice
Postfach 60 12 20
22212 Hamburg

040 / 87 97 35 40

040 / 27 17 20 79

www.merian.de

Die Lust am Reisen

MERIAN

GUTSCHEIN

Lust auf Reisen?

MERIAN präsentiert zwölfmal jährlich ein lebensnahes und facettenreiches Porträt einer Stadt, einer Region oder eines Landes auf höchstem Niveau. Mit dem monatlich erscheinenden Magazin MERIAN erleben Sie einzigartige Bilder und packende Reportagen.

Das ist ein Geschenk für:

____

Die nächsten 12 Ausgaben sind ein Geschenk von:

____

Die Lieferung beginnt, sobald die oben stehende Abo-Postkarte ausgefüllt an den MERIAN Leserservice, Postfach 60 12 20, 22212 Hamburg eingegangen ist.

Ich möchte bestellen.
Bitte liefern Sie die Produkte an folgende Adresse:

Name / Vorname des Bestellers

Straße / Haus-Nr.

PLZ / Ort

Tel.-Nr. / E-Mail

Datum / Unterschrift ME 11/05

Rechnung abwarten – bitte keine Vorauszahlung leisten.
Die Lieferung erfolgt, innerhalb Deutschlands, porto- und versandkostenfrei. Auslandslieferungen auf Anfrage.

- ☐ **Mit der Zusendung von Informationsmaterial bin ich einverstanden.**
- ☐ **Ich habe den Bestellwert von 25,– Euro erreicht und erhalte „Best of MERIAN" als Dankeschön dazu.**

Bitte tragen Sie hier die Kennwörter, Anzahl und Preise ein:

Kennwort	Anzahl	Einzelpreis (Euro)	Gesamtpreis (Euro)
Summe			

Online geht die Reise los.

www.merian.de
Tausende von Reisezielen, Eventkalender, Reportagen, Tipps & Empfehlungen und weitere exklusive Angebote im MERIAN Premium Shop

MERIAN REISE-INFO DRESDEN

Die Schauseite der Sachsen-Metropole zwischen Kunstakademie und Semperoper. Unterhalb der Brühlschen Terrasse legen die Dampfer zu den Elbfahrten ab

MERIAN Top Ten

Was Dresden-Besucher unbedingt sehen, erleben und erfahren sollten

Alle Texte: Uwe Stuhrberg; Stand September 2005

Die Planquadrate in großen Lettern beziehen sich auf die MERIAN-Karte (S. 131), die in kleinen Lettern auf die Umgebungskarte auf S. 136

1. Altstadt-Panorama (E/F 3)
Von einer Park- oder Biergartenbank an den Elbwiesen den „Canalettoblick" hinüber zu den Prachtbauten des Altstädter Ufers genießen. Oder umgekehrt von der Brühlschen Terrasse auf die Neustadt gucken.

2. Neues Grünes Gewölbe (E 3/4)
In der prächtigsten Schatzkammer Deutschlands (im Residenzschloss) den 1701-08 entstandenen „Hofstaat zu Delhi am Geburtstag des Großmoguls Aurang Zeb" mit seinen ca. 3000 Edelsteinen bestaunen.

3. Loschwitz/Weißer Hirsch (N/O 2/3)
Von Blasewitz über das „Blaue Wunder" in das alte Wein- und Fischerdorf Loschwitz wandern und mit der Standseilbahn den Elbhang hinauf ins noble Dresdner Villenviertel fahren.

4. Raddampferfahrt (F 3)
Mit einem Schiff der Weißen Flotte nach Pillnitz schippern, in der Sommerresidenz der Wettiner das Kunstgewerbliche Museum besuchen und im Englischen Garten die fast 200 Jahre alte Kamelie bewundern.

5. Semperoper (E 3)
Die Sächsische Staatsoper ist eines der schönsten und renommiertesten Musiktheater der Welt.

6. Schloss Moritzburg (b 1)
Das in reizvoller Teichlandschaft gelegene barocke Jagdschloss beherbergt Malerei und Kunsthandwerk aus dem 17. und 18. Jh. Jährlich im September die berühmten Hengstparaden.

7. Königstein und Bastei (d 2/3)
Ausflug ins Elbsandsteingebirge: 240 Meter über der Elbe erhebt sich eine der größten Festungen Europas. Einige Kilometer an der Elbschleife flussabwärts bei Rathen springt der 305 m hohe Bastei-Felsen hervor. Spektakulärster Blick über die Elbe.

8. Kreuzchor-Vespern (E/F 4)
In der Kreuzkirche sind am Samstagabend (Sommer 18, Winter 17 Uhr) die Vespern des weltberühmten Chors ein musikalischer Hochgenuss.

9. Meißen (a 1)
Albrechtsburg, Dom und Porzellanmanufaktur besuchen, abends bei Vincenz Richter im Weinhaus von 1523 speisen und sächsische Weine probieren.

10. Pfunds Molkerei (G/H 2)
3500 handgemalte Fliesen im Jugendstil zieren das schönste Milchgeschäft der Welt in der Bautzner Straße 79.

MERIAN | SEMPEROPER

Phönix aus der Asche

Ein Höhepunkt europäischer Theaterarchitektur

1841 wurde in Dresden das von Gottfried Semper entworfene Erste Königliche Hoftheater eröffnet. Doch schon **1869** zerstörte ein bei den Arbeiten im Dachboden verursachter Brand das Bauwerk. Obwohl Semper wegen seiner Beteiligung am Dresdner Maiaufstand 1849 im Exil lebte, erhielt er den Auftrag für eine neue Oper. Die Ausführung musste er allerdings seinem Sohn Manfred überlassen. Am **2. Februar 1878** wurde die zweite Semperoper mit Carl Maria von Webers „Jubelouvertüre“ und Goethes „Iphigenie auf Tauris“ eröffnet.
Wie das Stadtzentrum fiel am **13. Februar 1945** auch das Dresdner Opernhaus in Schutt und Asche. Nachdem in den fünfziger Jahren zunächst die Fassaden wieder hergestellt worden waren, entschied man sich 20 Jahre später zum weitgehend originalgetreuen Wiederaufbau. Zur erneuten Eröffnung am **13. Februar 1985**, genau 40 Jahre nach der Zerstörung, führte man Carl Maria von Webers „Freischütz“ auf.

Prachtvolle Innenausstattung: die inzwischen dritte Semperoper

Der im Stil der italienischen Hochrenaissance errichtete Sandsteinbau mit seiner zum Theaterplatz gerichteten Schaufassade gilt als einer der Höhepunkte der europäischen Theaterarchitektur des 19. Jhs. Prächtig ist die Innengestaltung mit Wand- und Deckenmalereien, Marmorimitationen in den Foyers und Vestibülen, einem 285-flammigem Kronleuchter und der berühmten, bereits für die erste Semperoper entworfenen Fünfminutenuhr im Zuschauerraum.
Oper hat in Dresden eine lange Tradition, bereits im 17. Jh. wurden hier italienische, später auch deutsche Werke aufgeführt. Noch vor Errichtung der ersten Semperoper wirkten Heinrich Schütz und Carl Maria von Weber in der Elbestadt. Auch Richard Wagner feierte als Kapellmeister an der ersten Semperoper Triumphe, bevor er – Mairevolutionär wie Semper – die Stadt verlassen musste. Eng verbunden mit dem Haus war auch Richard Strauss: Neun seiner Opern erlebten ihre Uraufführung in Dresden. Und nicht zuletzt gehört das Orchester der Oper, die **1548** gegründete Sächsische Staatskapelle, zu den ältesten und bedeutendsten der Welt.

(E 3) **Semperoper** Theaterplatz 2, Karten: Tel. 491 17 05
Führungen: Tel. 491 14 96, www.semperoper.de

Der Zwinger, Augusts Lustobjekt war nie ein Schloss, hier fanden

(E 4) **Altmarkt**
Die historische Bebauung des 1370 erstmals erwähnten ältesten Platzes der Stadt fiel dem Bombenangriff am 13. Februar 1945 zum Opfer. Ab 1953 Wiederaufbau von West- und Ostseite des nun vergrößerten Altmarktes mit siebengeschossigen Wohn- und Geschäftshäusern in „Sozialistischem Barock“. Im Kulturpalast (1969) ist die Dresdner Philharmonie zu Hause.

(F 3) **Augustusbrücke**
1275 Erwähnung einer Brücke zwischen dem heutigen Schlossplatz und dem Neustädter Markt. In ihrer aktuellen Form von 1907–1910 errichtet.

(F/G 1/2) **Äußere Neustadt**
Die „Neustadt“ ist eines der größten zusammenhängenden Gründerzeitviertel. Zwischen Königsbrücker und Prießnitzstraße, zwischen Bautzner Straße und Bischofsweg hat sich ein bis in die Hinterhöfe lebendiges Szeneviertel entwickelt. Jährlich im Juni wird die „Bunte Republik Neustadt“ gefeiert.

(M/N 3) **Blaues Wunder**
(siehe S. 106)

(F 3) **Brühlsche Terrasse**
An der 500 m langen Flaniermeile mit Blick auf Elbe und Neustadt, benannt nach dem Grafen Heinrich von Brühl, reihen sich Sekundogenitur, Kunstakademie, Albertinum (Galerie Neue Meister und Skulpturensammlung) und Denkmäler für Gottfried Semper, Caspar David Friedrich und den Bildhauer Ernst Rietschel. Eine Etage tiefer in der Festung die Kasematten und Kanonenhöfe der alten Stadtbefestigung.

(L 2) **Elbschlösser**
Drei Mitte des 19. Jhs. am Elbhang erbaute Schlösser: Schloss Albrechtsberg, im Stil römischer Renaissance-Villen für Prinz Albrecht von Preußen errichtet, und das benachbarte Lingner-Schloss sind nur bei speziellen Führungen zu besichtigen. Im neugotischen Schloss Eckberg befindet sich ein nobles Hotel.

(F 4) **Frauenkirche**
(siehe S. 46)

(E/F 3/4) **Fürstenzug**
Der 102 m lange Fries mit den wettinischen Regenten an der Außenwand des Langen Ganges entstand ab 1876 in Sgraffito-Technik, wurde ab 1904 auf 25 000 Meissener Porzellankacheln übertragen und zum größten Porzellanbild der Welt.
Augustusstraße

(B 2) **Gartenstadt Hellerau**
Einer der frühesten Vertreter der Gartenstadtarchitektur im

nter freiem Himmel Feste statt

Gesamtentwurf mit den Holzwerkstätten.
Straßenbahn Haltestelle Festspielhaus Hellerau Moritzburger Weg, s. S. 98

(G 5) Gläserne Manufaktur
Autoproduktion als Touristenattraktion. Hinter der gläsernen Fassade fertigt die Volkswagen AG ihre Luxus-Limousine „Phaeton". Neben Einblicken in die Produktion gibt es eine „Technikwelt" mit Automobil-Konfigurator, interaktivem Fahrsimulator und Phaeton-Atelier.
Lennéstraße 1
Tel. (018 05) 89 62 68
Besuch nach Voranmeldung beim Customer Care Center

(F-I 5-7) Großer Garten
Die citynahe 2 km² große Parkanlage ist Naherholungsgebiet mit Zoo, Botanischem Garten, Carolasee, mehreren Freilichtbühnen und der Parkeisenbahn (5,6 km, mehrere Bahnhöfe, nur im Sommer). Am Schnittpunkt der Hauptachsen steht das Palais im Großen Garten, Sachsens ältester Barockbau.

(E 3) Hofkirche
Nach Entwürfen des Architekten Gaetano Chiaveri entstand 1738–54 die spätbarocke katholische St.-Trinitatis-Kirche. Zwischen dem Mittelschiff und den Seitenschiffen wurde ein Prozessionsumgang angelegt, da katholische Prozessionen in den Straßen der protestantischen Stadt verboten waren. Kanzel von Balthasar Permoser, Silbermannorgel und 78 Balustraden-Statuen von Lorenzo Mattielli. In der Gruft der Wettiner steht eine Urne mit dem Herz Augusts des Starken, sein Leib wurde in Krakau bestattet. Die Hofkirche ist Kathedrale des Bistums Dresden-Meißen.

(F 2/3) Innere Neustadt
Nur eine Elbbrücke von der Altstadt entfernt und doch unter Touristen immer noch fast ein Geheimtipp. Am Neustädter Markt, nach der Zerstörung in den siebziger Jahren neu bebaut, steht Dresdens bekanntestes Denkmal: August der Starke als Goldener Reiter. In der Hauptstraße, die von hier bis zum Albertplatz führt, stehen sechs rekonstruierte Bürgerhäuser. Sie beherbergen u.a. das Museum der Dresdner Romantik (Kügelgenhaus, Nr. 13) und die Kunsthandwerker-Passagen. Die Königstraße mit ihren Barockbauten samt Innenhöfen, mit Restaurants, schicken Boutiquen und Einkaufspassagen ist Dresdens Nobelmeile. Vom Turm der Dreikönigskirche hat man die gesamte Neustadt im Blick.

(E/F 4) Kreuzkirche
In dem 1215 als Nikolaikirche gegründeten und 1388 als Kreuzkirche neu geweihten Gotteshaus wurde 1539 der erste lutherische Gottesdienst in Dresden gehalten. Ihre heutige spätbarock-klassizistische äußere Gestalt bekam die Kirche Ende des 18. Jhs., das Jugendstil-Innere wurde nach der Zerstörung im Krieg durch eine – zunächst nur als Provisorium gedachte, im Laufe der Zeit jedoch als bewahrenswerte Dauerlösung anerkannte – schlichte Gestaltung abgelöst. Mit dem Kreuzchor ist hier einer der ältesten und berühmtesten Knabenchöre der Welt zu Hause.

(F 3/4) Neue Synagoge
An der Carolabrücke
(siehe S. 73)

(F 4) Neumarkt
Nach der Zerstörung der angrenzenden Bebauung am 13. Februar 1945 und dem Abräumen der Trümmer in der Nachkriegszeit lag das Areal im Stadtzentrum lange brach. Derzeit wird es mit einer Mischung aus moderner Architektur und historischen Fassaden neu bebaut. Über das Baugeschehen wacht Luther auf seinem Sockel neben der Frauenkirche, in einem Pavillon kann man sich über den Stand der Dinge informieren.

(G/H 2) Pfunds Molkerei
Bautzner Straße 79
(siehe S. 22)

(E 5) Prager Straße
Dresdens legendäre Geschäftsstraße wurde 1945 weitgehend zerstört, die Ruinen später abgerissen und 1965–78 durch ein modernes städtebauliches Ensemble aus Hotels, Wohnungen und Läden, einem Kino und einem Kaufhaus sowie einer Fußgängerzone mit Grünflächen und Wasserspielen ersetzt. Heute ist die „Prager" ein beliebter Einkaufsboulevard.

(E 3/4) Residenzschloss
Bis 1918 war es die Residenz der Kurfürsten und Könige des Hauses Wettin. Das bis dahin schon mehrfach umgebaute Schloss erhielt Ende des 19. Jhs. eine einheitliche Gestaltung im Stil der Neorenaissance. Am 13. Februar 1945 wurde der Bau wie das gesamte Stadtzentrum zerstört. Der Wiederaufbau dauert – mit Unterbrechungen – mittlerweile fast 60 Jahre. 2004 bezogen das Kupferstich- und das Münzkabinett sowie ein Teil des Grünen Gewölbes der Staatlichen Kunstsammlungen ihre neuen Räume im Schloss. Das Historische Grüne Gewölbe folgt 2006. Auf dem Hausmannsturm befindet sich eine Aussichtsplattform.

(E 3) Theaterplatz
Einer der schönsten Plätze Europas, gesäumt von Semperoper, Gemäldegalerie Alte Meister und Residenzschloss, von Schinkelwache, Hofkirche und dem Italienischen Dörfchen, einem traditionsreichen Restaurant. Den besten Überblick hat König Johann in der

MERIAN | DEUTSCHES HYGIENE-MUSEUM

Bleiben Sie gesund!

Das „Erlebnis Mensch" in allen seinen Phasen

1911 fand in Dresden die **I. Internationale Hygiene-Ausstellung** statt, die 5,5 Millionen Besucher lockte. Einer der Initiatoren war der Dresdner Mundwasser-Fabrikant („Odol") Karl August Lingner. Von ihm auch ging der Anstoß zur Gründung des Deutschen Hygiene-Museums aus. **1927-30** wurde am Lingnerplatz ein repräsentativer Museumsbau (Entwurf: Wilhelm Kreis) errichtet. Seiner monumentalen äußeren Gestalt steht das am International Style orientierte lichte Interieur gegenüber. Vermittelt werden sollten Kenntnisse der menschlichen Anatomie, zur Gesundheitsvorsorge und Ernährung. Nach **1933** wurde dieses Anliegen von der nationalsozialistischen Rassenideologie verfälscht. Im Krieg zerstört und danach wieder aufgebaut, diente das Museum in der DDR-Zeit überwiegend der gesundheitlichen Aufklärung.
Nach der Wende erfolgte neben der Sanierung die Umwandlung des Hauses zum **„Universalmuseum vom Menschen"**, **2005** konnte die Neugestaltung der Dauerausstellung abgeschlossen werden. Das seit Anbeginn berühmteste Exponat **„Der Gläserne Mensch"** von **1928** steht im Mittelpunkt des ersten von sieben Themenschwerpunkten. Auf spannende und oft unterhaltsame Weise werden in der Ausstellung die Aspekte des menschlichen Daseins behandelt: Geburt, Essen und Trinken, Sexualität sowie Leben und Sterben. Neben historischen Ausstellungsstücken gibt es zahlreiche interaktive Exponate und Computerplätze. So kann der Besucher z. B. die eigenen Merkfähigkeiten testen, Duftstoffe identifizieren oder per Mail eine Thermographie-Aufnahme von sich selbst verschicken. Große Teile der Ausstellung sind für Museumsgäste mit Behinderungen erschließbar.

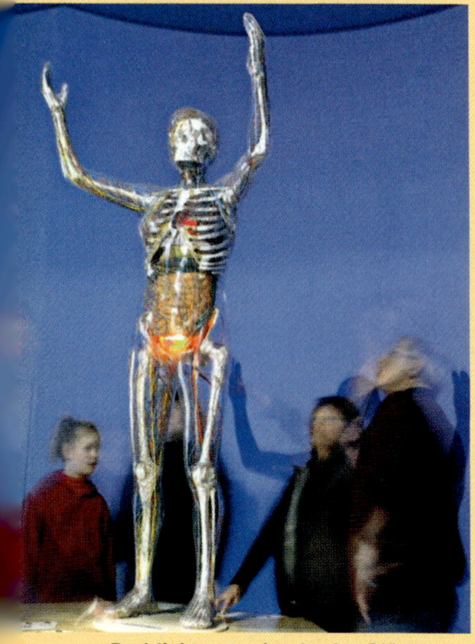

Da blickt man durch: der Gläserne Mensch von 1928

Den fünf Sinnen ist das **Kindermuseum** (ab Dezember 2005) gewidmet. Hier laden Spiel- und Lernstationen zum Anfassen, Ausprobieren und Mitmachen ein.
Für Furore sorgt das Hygiene-Museum immer wieder mit Sonderausstellungen. Bis **Juli 2006** ist **„Evolution. Wiege des Lebens"** zu sehen.

(F 5) Lingnerplatz 1, Tel. 484 66 70, Di-So 10-18 Uhr

Mitte des Platzes, hoch zu Ross und in Bronze.

(N/O 2/3) Weißer Hirsch und Oberloschwitz

Das Villenviertel 100 m über der Elbe und dem Blauen Wunder zeugt vom Glanz vergangener Tage als nobler Kurort. Seit 1895 führt die Standseilbahn vom Körnerplatz hinauf zum Restaurant Luisenhof, dem Balkon Dresdens. **(s. S. 102)**

(D 3) Yenidze

Die 1907–09 gebaute Tabakfabrik am Westrand der Altstadt sieht aus wie eine Moschee mit ihrer bunt verglasten Kuppel und den „Minaretten", unter denen sich Schornsteine verbergen. In luftiger Höhe ein Restaurant und Märchenlesungen.
Weißeritzstraße 3

(E 3/4) Zwinger

Das von Matthäus Daniel Pöppelmann im Auftrag Augusts des Starken 1709–32 errichtete Ensemle aus Pavillons und Galerien ist die Krone des sächsischen Barocks, das filigrane Kronentor mit der von Adlern getragenen Königskrone ein Wahrzeichen Dresdens. Auf der Ostseite des Zwingerhofes steht der Glockenspielpavillon mit einem Spiel aus Meissener Porzellan. Durch den gegenüber liegenden Wallpavillon gelangt man in das mit Brunnen und Sandsteinskulpturen gestaltete Nymphenbad. Der Zwinger beherbergt die Porzellansammlung und den Mathematisch-Physikalischen Salon der Staatlichen Kunstsammlungen Dresden. Außerdem sind hier die Staatlichen Naturhistorischen Sammlungen Dresden mit wechselnden Ausstellungen präsent. Seit 1855 schließt ein repräsentatives Galeriegebäude von Gottfried Semper die Anlage zum Theaterplatz hin ab. Hier befinden sich die Gemäldegalerie Alte Meister und die Rüstkammer der Staatlichen Kunstsammlungen.

MUSEEN

Staatliche Kunstsammlungen Dresden

In verschiedenen Museen (nachfolgend eine Auswahl)

Die alte Orientalische Tabakfabrik

der Staatlichen Kunstsammlungen Dresden sind Bau- und Sanierungsmaßnahmen geplant. Aktuelle Informationen unter **www.skd-dresden.de**

Gemäldegalerie Alte Meister

Zu den Sammlungsschwerpunkten dieses weltweit berühmten Museums gehört die italienische Malerei der Renaissance (Raffael, Giorgione und Tizian) sowie die Malerei des Manierismus und Barocks. Ebenso bedeutend ist der Bestand holländischer und flämischer Malerei des 17. Jhs. (Rembrandt, Vermeer, Rubens und van Dyck). Die Galerie präsentiert ferner Meisterwerke altdeutscher und altniederländischer Malerei (u. a. Jan van Eyck, Dürer, Cranach und Holbein), außerdem besitzt das Museum großartige Werke spanischer und französischer Künstler des 17. Jhs.
(E 3/4) Semperbau am Zwinger
Di-So 10 bis 18 Uhr (Gemäldegalerie Alte Meister und Rüstkammer), 6 €, erm. 3,50 €, Familien 10 €

Galerie Neue Meister

Werke des frühen 19. Jhs. bis zur Gegenwart. Herausragende Sammlung von deutscher Kunst der Romantik (C.D. Friedrich, Carus, Oehme, Dahl,

Yenidze. Die 18 Meter hohe Kuppel wird von innen beleuchtet

L. Richter) sowie französischer und deutscher Impressionisten und Nachimpressionisten (Manet, Monet, Renoir, Degas, Toulouse-Lautrec, Gauguin, van Gogh, Corinth, Slevogt, Liebermann). Unter den Expressionisten sind insbesondere die „Brücke"-Künstler Kirchner, Heckel, Schmidt-Rottluff und Pechstein vertreten. Bei der Gegenwartskunst nimmt Gerhard Richter einen bedeutenden Platz ein.
(F 4) Albertinum, Brühlsche Terrasse *(bis Ende 2005), anschließend mehrjährige Schließung wegen Bauarbeiten. Informationen zum Interimsquartier ab 2006 unter* **www.skd-dresden.de** *Mi-Mo 10-18 Uhr, 5 €, erm. 2,50 €*

Kunstgewerbemuseum

Das Museum im Schloss Pillnitz zeigt virtuoses Kunsthandwerk des Dresdner Hofes (Thron Augusts des Starken) von den Reisemöbeln aus der kurfürstlichen Kunstkammer über prachtvolle Gläser der Hofkellerei bis zu den silbernen Möbeln und goldbestickten Wandverkleidungen des Paradegemachs aus dem Dresdner Residenzschloss. Weitere Höhepunkte führen durch die Geschichte des internationalen Kunsthandwerks: französische Möbel und Bronzen, italienische Majolika, kostbare Stickereien, Damaste und Spitzen. Der Schwerpunkt „Dresdner Jugendstil" zeigt die Wiege der Moderne und leitet zu aktuellem Design über.
(C 4) Schloss Pillnitz
10-18 Uhr, Bergpalais Mo geschl., Wasserpalais Di geschl. 3 €, erm. 2 €, Familien 5 €

Kupferstich-Kabinett

Älteste grafische Sammlung (1720 gegründet) im deutschsprachigen Raum mit 500 000 Zeichnungen, Aquarellen, Gouachen, Radierungen, Lithografien, Kupferstichen und Fotografien aus sechs Jahrhunderten. Bestände altdeutscher Graphik, niederländischer Zeichnungen des 15.-17. Jhs. sowie Kunst des 19./20. Jhs.
(E 3/4) Residenzschloss
Mi-Mo 10-18 Uhr, Eintrittspreis für Sonderausstellungen: 3 €, erm. 2 €, Familien 6 €

Mathematisch-Physikalischer Salon

Zu bestaunen sind Erd- und Himmelsgloben (u. a. ein arabischer Himmelsglobus aus dem 13. Jh.), historische Uhren wie die Planetenlaufuhr von Bernhard Baldewein (16. Jh.) sowie eine Rechenmaschine von Blaise Pascal (um 1650). An Beispielen wird die Technik von Instrumenten zum Rechnen und Zeichnen und zur Bestimmung von Maß, Temperatur und Luftdruck vermittelt.
(E 3/4) Zwinger *Di-So 10-18 Uhr, 3 €, 2 € ermäßigt, Familienkarte 5 €*

Porzellansammlung

Bedeutendste und mit etwa 20 000 Einzelstücken umfangreichste keramische Spezialsammlung der Welt. Neben chinesischem Porzellan (Ära Kangxi, Gefäße und Figuren aus der Tang- bis Ming-Dynastie) und japanischen Imari- und Kakiemonporzellan sind Meißener Produkte in großer Menge zu bewundern. Mit der Eröffnung der nördlichen Bogengalerie 2006 wird die Sammlung im Zwinger vollständig zu bewundern sein.
(E 3/4) Zwinger, Eingang Glockenspielpavillon
Di-So 10-18 Uhr, 5 €, erm. 3 €, Familien 10 €

Rüstkammer

Eine der kostbarsten Prunkwaffen- und Kostümsammlungen mit 1300 Meisterwerken von Gold- und Waffenschmieden sowie Kunsthandwerkern aus Europa und dem Orient. Man kann auf den Spuren höfischer Feste, Ritterspiele und Jagden wandeln. Turnierbilder und Fürstenbildnisse des 16.-18. Jhs. spiegeln die Hofkultur der frühen Neuzeit wider. Die Rüstkammer befindet sich noch in der Osthalle des Semperbaus am Zwinger. Nach Vollendung des Residenzschlosses wird die Rüstkammer dorthin umziehen.
(E 3/4) Semperbau am Zwinger
Di-So 10-18 Uhr, 3 €, erm. 2 €, Familien 5 €

Skulpturensammlung

Skulpturen der letzten 5000 Jahre aus dem ägyptischen, griechischen, römischen, etruskischen und vorderasiatischen Kulturraum über Renaissance und Barock bis in die Gegenwart (z.B. de Vries, Permoser, Rodin, Lehmbruck). Während der Bauzeit am Albertinum werden im Zwinger u. a. Werke von Permoser und Heermann, Stücke der Antikensammlung und Bronzen der Renaissance und Werke des 19. und 20. Jhs. präsentiert.

MERIAN | TIPP

Grünes Gewölbe

Das Grüne Gewölbe ist das prächtigste Schatzkammermuseum Europas. Sein Entstehen verdankt es August dem Starken, der seine Preziosensammlung mit ererbten Meisterwerken der Renaissance und des Barock vereinte. Ausgestellt sind Kostbarkeiten aus Gold, Bernstein und Elfenbein, Edelsteingefäße und Bronzestatuetten, vor allem aber die Werke der Hofkünstler Permoser und Dinglinger. Zu den bezauberndsten Exponaten gehören Dinglingers Figurenwerk „Hofstaat von Delhi am Geburtstag des Großmoguls Aureng-Zeb" und die „Fregatte" von Jakob Zeller. Im September 2004 wurde das neue Grüne Gewölbe eingerichtet. Im September 2006 wird auch das historische Grüne Gewölbe eröffnet, wo die Kostbarkeiten wieder in ihrer ursprünglichen Präsentation als barockes Gesamtkunstwerk zu erleben sein werden.
(E 3/4) Neues Grünes Gewölbe
Residenzschloss
Eingang Sophienstraße
Mi-Mo 10-18 Uhr, 6 €, erm. 3,50 €, Familien 10 €
Historisches Grünes Gewölbe
Residenzschloss
Eröffnung: September 2006

Die „Fregatte" von Jakob Zeller

MERIAN | DRESDEN MIT KINDERN

Per Bahn zu Djasinga

Der Große Garten ist ein kleines Paradies für die jüngsten Besucher Dresdens

Nach dem dritten Museum fangen die lieben Kleinen an zu quengeln? Dann wird es Zeit für das Kinderprogramm. Eine Rundfahrt mit der **Parkeisenbahn** (G-I 5-7) durch den Großen Garten – es gibt mehrere Bahnhöfe – schont die Füße, macht Spaß und ist mit der Familienkarte auch noch preiswert.
Als Zwischenstopp empfiehlt sich ein Besuch bei den Tieren im **Dresdner Zoo** (F/G 6, Haupteingang Tiergartenstraße, am Wochenende auch direkter Zugang vom „Bahnhof Zoo" der Parkeisenbahn, geöffnet im Sommer tägl. 8.30-18.30 Uhr, im Winter bis 16.30 Uhr). Zu den Publikumslieblingen gehören die Elefanten im neuen Afrikahaus und das drei Jahre alte Orang-Utan-Mädchen „Djasinga".

Kleine Kinder mögen kleine Elefanten, auch im Dresdner Zoo

Es gibt einen **Streichelzoo** und ein **Pony-Gehege** und natürlich **Spielplätze** zum Klettern und Toben. Wer sich für das Leben unter Wasser interessiert, kann voraussichtlich noch bis Ende 2006 im ersten mobilen Meerwasser-Aquarium von **Sea Life** mehr als 3000 Fische und andere Meerestiere aus Nord- und Ostsee – vom Seepferdchen bis zum Hai – bestaunen (G 5, Cockerwiese gegenüber der Gläsernen Manufaktur, geöffnet tägl. ab 10 Uhr, letzter Einlass im Winter 16, im Sommer 17, in Schulferien und am Wochenende 18 Uhr).
Im Sommer finden im **Puppentheater Sonnenhäusl** Open-Air-Aufführungen statt (H 5, Großer Garten, nördlich der Herkulesallee). Ganzjährig Vorstellungen für Kinder und Erwachsene bietet das **Puppentheater** des Theaters Junge Generation im **Rundkino** (E 5, Prager Straße, Karten unter Tel. 496 53 70).
Und wer von den vielen Museen dann doch nicht genug bekommen kann, sollte sich nach speziellen **Kinderprogrammen** erkundigen. Im Deutschen Hygiene-Museum (F 5, siehe S. 120) zum Beispiel gibt es gar ein richtiges **Kindermuseum** (ab Dezember 2005) mit einer interaktiven Ausstellung über die Sinne: Hören, Sehen, Fühlen, Riechen und Schmecken.

(F 4) Albertinum, Brühlsche Terrasse *(bis Ende 2005), danach Auswahlpräsentation im Zwinger, Di-Sa 10-18 Uhr*

WEITERE MUSEEN

(F 2) **Erich Kästner Museum**
In der Villa Augustin, die einst Kästners Onkel gehörte, befindet sich ein „interaktives micromuseum", das dem Leben und Schaffen des berühmten Dresdner Schriftstellers gewidmet ist.
Antonstr. 1 (Innere Neustadt)
So-Di 10-18, Mi 10-20 Uhr, 3 €

(F 2) **Kügelgenhaus – Museum der Dresdner Romantik**
Die Wohnung des Porträt- und Historienmalers Gerhard von Kügelgen war um 1810 ein Zentrum der romantischen Bewegung. Die Räume sind der Dresdner Kultur- und Geistesgeschichte an der Wende vom 18. zum 19. Jh. gewidmet.
Hauptstr. 13 (Innere Neustadt)
Mi-So 10-18 Uhr, 2 €
Do ab 14 Uhr frei

(E 2) **Landesmuseum für Vorgeschichte Dresden**
In wechselnden Ausstellungen zeigt das Landesamt für Archäologie im Japanischen Palais Funde aus 280 000 Jahren sowie Exponate aus internationalen Museen.
Palaisplatz 11/Japanisches Palais (Innere Neustadt)
tägl. 10-18 Uhr, 3 €

(F 4) **Stadtmuseum und Städtische Galerie Dresden**
Das Museum im Landhaus ist noch im Umbau, die Frauenkirchenausstellung „Werden – Wirkung – Wiederaufbau" aber geöffnet. Die neue Dauerausstellung soll im Herbst 2006 folgen. Die neue Städtische Galerie Dresden im Landhaus wurde bereits eingeweiht.
Wilsdruffer Str. 2 (Altstadt)
Di-Do, Sa, So 10-18 Uhr
Fr 12-20 Uhr, 2,05 €

(F 4) **Verkehrsmuseum**
Hier kommen Lokomotiven- und Flugzeugfreaks auf ihre Kosten, zu den bedeutendsten Ausstellungsstücken gehören die älteste weitgehend original erhaltene deutsche Dampflok „Muldenthal" von 1861 und der Eindecker von Hans Grade aus dem Jahr 1909. Neben der Geschichte des Eisenbahn- und Luftverkehrs wird die Entwicklung des Städtischen Nahverkehrs, der Schifffahrt und des Straßenverkehrs dargestellt.
Augustusstr. 1 (Altstadt)
Di-So 10-17 Uhr, 3 €

An der Freitreppe der wettinischen

SCHLÖSSER UND BURGEN

(C 4) **Pillnitz**
Die Sommerresidenz der Wettiner liegt elegant hinter einer Freitreppe am hangseitigen Elbufer und wurde zu kurfürstlichen Zeiten mit prächtigen Gondeln angesteuert. Der Dresdner Hofstaat feierte ausgelassene Feste in diesem Lustschloss. Das Wasserpalais und das gegenüberliegende abbildgleiche Bergpalais sind ab 1720 im damals modischen Chinoiseriestil nach Plänen von Pöppelmann und Longuelune mit geschwungenen Dächern erbaut worden. Sie beherbergen heute das Kunstgewerbemuseum (s. S.121). Der aus Lustgarten, Schlossgarten, Floragarten und Englischem Garten bestehende Park wurde von mehreren Generationen gestaltet. Neben Orangerie, Palmenhaus und Chinesischem Pavillon gibt es eine botanische Kostbarkeit: die 1778 aus Japan importierte Kamelie, die in einem speziellen Gewächshaus vor Kälte geschützt wird.
Gartenführungen Mai-Okt. tgl. 11, 12, 13 u. 14 Uhr, Apr. nur an den Wochenenden

(a 1) **Albrechtsburg**
(Meißen, siehe S. 90)

ommerresidenz Pillnitz legten einst die Gondeln des Hofstaats an

(d 2) **Burg Stolpen**
Berühmt wurde die aus Basaltstein gebaute Festung durch Anna Constanze Reichsgräfin von Cosel, die bekannteste Mätresse Augusts des Starken. Von 1716 bis 1765 lebte sie als Verbannte zuerst im Zeughaus (nur noch Grundmauern), später im Johannisturm. Es gibt vier Burghöfe mit Burgmuseum, Marstall, Gerichtssaal, Burgkellern und einem 82 Meter tiefen Brunnen, die Bauten der Festung stammen fast alle aus dem frühen 16. Jh.
25 km östlich von Dresden
Apr.-Okt. tgl. 9-17 Uhr Nov.-März bis 16 Uhr, 3 €

(d 3) **Festung Königstein**
Die 240 m über der Elbe auf einem Bergplateau thronende Festung ist mit der Alten Kaserne, Altem und Neuem Zeughaus (16./17. Jh.) eines der größten militärgeschichtlichen Freilichtmuseen. Einst Gefängnis mit Häftlingen wie dem Alchimisten Böttger (dem Porzellan-Erfinder), dem Sozialisten Bebel und Dichter Wedekind.
30 km östlich von Dresden
Apr.-Sept. tgl. 9-20, Okt. 9-18, Nov.-März 9-17 Uhr, 5 €

(c 2) **Großsedlitz**
Großsedlitz ist eine perfekte Barockgartenanlage, berühmt wegen ihrer einst 360 Skulpturen, von denen 52 erhalten sind. Sie stellen Figuren der griechischen Mythologie dar. Pöppelmann entwarf die „Stille Musik", eine Treppe mit Balustraden und Putti in lebensnahen Formen vor einem Wasserbassin. Es gibt das kleine Friedrichsschlösschen (1872) und zwei Orangerien.
17 km südöstlich von Dresden
Park: Apr.-Sept. 8-20, Okt. 8-17, Nov. 8-16 Uhr, 2,60 €

(A 1) **Moritzburg**
Das in einer Wald- und Seenlandschaft gelegene Jagdschloss mit seinen vier markanten Rundtürmen war bis 1945 Domizil der Familie der Wettiner. Pöppelmann hatte aus dem Bau 1723–26 ein quadratisches Barockschloss gemacht. Seit den Zeiten Augusts des Starken haben dagegen die vier prächtigen Säle und gut 200 Zimmer, die meistens mit Jagdmotiven dekoriert sind, ihr Aussehen bewahrt. Staunen lassen vergoldete Ledertapeten aus dem 17. Jh.
14 km nordwestl. von Dresden
Apr.-Okt. tgl. 9-17, Nov.-Dez. u. Feb.-März 10-16 Uhr, 6 €

(c 2) **Weesenstein**
Auf einem Felsen über dem Müglitztal erhebt sich das gewaltige Bauwerk. Rundturm, Festung, Ritterburg und Schloss repräsentieren Baustile von der Gotik bis zum Klassizismus. Eindrucksvoll sind der Festsaal und die wertvolle Tapetensammlung.
20 km südöstlich von Dresden
Apr.-Okt. 9-18, Nov.-März 10-17 Uhr, 2 €

Welterbe Elbtal

Festwiese Fluss-Au
Auf mehr als 30 km Länge fließt die Elbe durch Dresden, gesäumt von in Europa einmaligen naturnahen Fluss-Auen. 2004 wurde das „Dresdner Elbtal" zwischen Übigau und Söbrigen bei Pillnitz in die Welterbe-Liste der Unesco aufgenommen. Die Landschaft mit ihren Wiesen, Weinbergen und felsigen Steilhängen ist mit der Architektur – dem flussnahen Dresdner Barockensemble, Schlössern, großbürgerlichen Villen und Kunststätten – in perfekter Harmonie verbunden.
Die Dresdner nutzen die mancherorts 400 m breiten Elbwiesen als Picknickplatz und Festgelände, zum Sonnenbaden und Drachensteigen. Auf dem Elberadweg kann man bis Tschechien oder Hamburg fahren.

Große Musikveranstaltungen

SemperOpernBall
Mitte Januar Ab Januar 2006 das gesellschaftliche Highlight an der Sächsischen Staatsoper. Nationale und internationale Topstars mit der Staatskapelle.
www.semperopernball.de

Internationales Dixielandfestival Dresden
Erste Hälfte Mai Mehr als 500 000 Gäste machen alljährlich Dresden zur Dixieland-Metropole. Große Konzerte mit Bands aus aller Welt im Kulturpalast, in der Freilichtbühne Junge Garde und im Alten Schlachthof. Dazu jede Menge Clubkonzerte. Am Sonntag Dixie-Parade durch die Stadt.
www.dixieland.de

Dresdner Musikfestspiele
Mitte Mai bis Pfingsten
Mehr als 150 Veranstaltungen mit Oper, Ballett, Orchester- und Kammermusik – klassisch und zeitgenössisch für 100 000 Gäste in Theatern, Kirchen und Schlössern.
www.musikfestspiele.com

Bunte Republik Neustadt
Mitte Juni Dresdens größtes Stadtteilfest, auf dem sich die alternative Musikszene in Clubs, Kneipen und open air in allen Facetten präsentiert. Überall freier Eintritt.

Elbhangfest
Ende Juni Klassik, Rock, Folk, Jazz und Liedermacher auf unzähligen Bühnen zwischen Loschwitz und Pillnitz.
www.elbhangfest.de

Filmnächte am Elbufer
Ende Juni bis Ende August
Open air-Konzerte mit internationalen Topstars vor der barocken Altstadt-Kulisse.
www.filmnaechte-am-elbufer.de

Moritzburg Festival
Anfang bis Mitte August
Kammermusikfestival im Schloss Moritzburg bei Dresden.
www.moritzburgfestival.de

Kneipen- und KulTournacht
Mitte September Kneipen, Bars und Clubs in Alt- und Neustadt lassen Bands und DJs mit dem Publikum feiern. Eintritt frei.

Dresdner Tage der zeitgenössischen Musik
1. bis 9. Oktober Konzerte, Musiktheater und Genreübergreifendes. **www.zeitmusik.de**

Jiddische Musik- und Theaterwoche
Ende Oktober Die Vielfalt der jiddischen Kultur mit unter anderem Klezmer, Liedprogrammen und Tänzen.
www.rocktheater.de

Dresdner Gitarrenfest
Mitte November An drei Abenden wird im Club Passage der akustischen Gitarre gehuldigt.
www.club-passage.de

Elbhangfest am Schloss Pillnitz: Die Musik gibt den Ton an und der Gaukler ein gutes Bild ab

Zwischen Seele und Soul

Die ganze Welt der Musik kommt an die Elbe und die Dresdner Musikszene zieht alle Register

Nur ein mühsamer Kampf hilft durch das Gedränge, denn bereits um 21 Uhr ist das **„Blue Note“** zum Bersten voll – wie an jedem ersten Dienstag im Monat zur **„Open Mic Night“.** Auf der Bühne des Clubs eine vierköpfige Band, die alle in den Tagen zuvor angemeldeten Songs einstudiert hat. Und dann passiert es: Fünfzehn bis zwanzig Sängerinnen und Sänger entern nacheinander die Bühne und singen, als ginge es um ihr Leben – Songs von Aretha Franklin, James Brown, Oasis, den Red Hot Chili Peppers, Joss Stone, Jimi Hendrix … Fernab von jeglichem Karaoke-Klamauk und trotzdem mit jeder Menge Spaß gibt sich die Dresdner Szene ein Stelldichein – ob Profi, Amateur oder Gelegenheitsvokalist, weder spielt es eine Rolle, noch ist es immer zu unterscheiden. Um Mitternacht schließlich, mitten in Musik, Adrenalin und jubelndem Applaus, spürt man körperlich, wie Dresden sich bewegt. Die Stadt hat den Soul. Kaum jemand weiß, dass es der zurückhaltende Mann am Schlagzeug war, der die **Open Mic-Idee** aus New York mitbrachte, als er dort Anfang der Neunziger eine Zeitlang spielte. Inzwischen ist **Sven Helbig** (37) eine markante Persönlichkeit nicht nur im lokalen Musikbusiness. Mit dem Hornisten **Markus Rindt** gründete er die **Dresdner Sinfoniker,** ein Orchester für zeitgenössische Musik, das aus jungen Musikern namhafter Klangkörper besteht. Mehrmals im Jahr kommt man zusammen, um Werke von Komponisten aus aller Welt zu spielen: Frank Zappa, Torsten Rasch, Heiner Goebbels, John McLaughlin, Benjamin Yusupov, John Williams. Besonderes Aufsehen erregten die Sinfoniker 2003 mit dem klassischen Liederzyklus **„Mein Herz brennt“,** der auf Musik und Texten von **Rammstein** basierte, und der Neuvertonung des Eisenstein-Films „Panzerkreuzer Potemkin“ mit den Pet Shop Boys im Jahr 2004. Zwischendurch produziert Sven Helbig für Rammstein und andere Bands, arbeitet als Drum-Dozent an der Dresdner Hochschule für Musik und findet trotzdem die Zeit nicht nur für die „Open Mic Night“, sondern auch für sonntägliche Jazzkonzerte im „Blue Note“. „Das hält mich frisch und auf dem Boden“, feixt er. Und weiß schon, dass er einen gewissen Anteil daran hat, dass Dresden heute etwas weltläufiger klingt.

Seit Jahrzehnten einen großen Namen hat Sven Helbigs Chef in der Musikhochschule. **Günter „Baby“ Sommer,** Prorektor und Professor für Schlagzeug und Perkussion, zählt zu den gefragtesten Musikern der zeitgenössischen Jazzszene Europas. Er ist nur auf einem kurzen Stopp zwischen Lissabon und Glasgow zu erwischen. „Einen Dresdner Klang gibt es im zeitgenössischen Jazz nicht“, meint Sommer, „wohl aber einen speziellen DDR-Klang.“ Den hat er mitgeprägt. Vor allem im Zentralquartett, mit dem er seit 1984 gemeinsam mit **Conrad Bauer, Uli Gumpert und Ernst-Ludwig Petrowsky** in Abständen für Furore sorgt. „Es gibt heute in Dresden einen unübersehbaren Anschluss an zeitgenössische Musik, an Bewegungen, die weltweit im Gange sind“, meint Sommer nicht ohne Stolz. „Vor allem in der jungen Improvisationsszene, die sich um die **„Galerie Blaue Fabrik“** herum gruppiert hat. Leute wie **Hartmut Dorschner, Oliver Schwerdt, Mario Faust** oder **Isabella Schöne** haben das Ohr offen in die Welt hinaus und der barocken Überfrachtung des Dresdner Musiklebens immer eine akustische Provokation entgegenzuhalten. Probleme sieht Sommer in der fehlenden Unterstützung der Off-Szene, „die doch den kulturellen Vorgarten vor unserer Haustür

Jam Session im Jazz Club „Neue Tonne": Nicht Dresdner Klang, sondern Sound of Dresden

bestückt". Mit mehr als 200 Veranstaltungen im Jahr gibt die Hochschule wenigstens den Studierenden Auftrittsmöglichkeiten – vom Examenskonzert im Kulturzentrum Scheune über Jam Sessions im Jazzclub **„Neue Tonne"** bis hin zu Konzerten des eigenen Orchesters. Nach dem Abitur war Günter Sommer 1962 der erste Student der neuen Jazz-Abteilung der Musikhochschule, die den Namen „Tanz- und Unterhaltungsmusik" tragen musste. Koryphäen wie **Günter Hörig** oder **Siegfried Ludwig** sorgten von dort aus mit dafür, dass Dresden eine Jazzhochburg wurde. „Ich habe auf der fachlichen Ebene die besten Voraussetzungen im Studium in Dresden gefunden und zur selben Zeit in der kreativen Auseinandersetzung den besten Gegner, den ich mir vorstellen kann: die Traditionsbehaftung in Dresden", meint Günter Sommer. „Es ist mir eine Herausforderung gewesen, diesem kulturhistorisch-musikalischen Establishment etwas ans Schienbein zu treten." „Ist Ihnen schon einmal aufgefallen, dass es in Dresden kaum Gastspiele großer internationaler Orchester gibt? Und wenn doch, dann sind sie schlecht besucht", stellt **Anselm Rose** fest – man mache sich den Reim selbst darauf. Der Mittdreißiger kam Anfang 2005 von den Münchner Symphonikern an die Elbe und hat die Intendanz der traditionsreichen **Dresdner Philharmonie** übernommen: „Wenn man neu in diese Stadt kommt, merkt man schnell, dass Musik hier ernst und wahrgenommen wird. Es gibt sehr viele Veranstaltungen hier – und die Leute gehen sogar hin." Von den Zahlen her muss sich „sein" Orchester bei 10 000 Abonnements eigentlich keine Sorgen machen. Bezogen auf die knappe halbe Million Einwohner ist das ein Spitzenwert. „Das sagt ja auch etwas über das Interesse der Dresdner an Ihrem Orchester aus", meint Rose, aber er weiß, dass die Suche nach immer neuem Publikum lebensnotwendig ist.

Neben den ständigen Konzertreihen im Kulturpalast gibt es etwa zeitgenössische Musik im **Festspielhaus Hellerau** und Konzerte in der **Frauenkirche.** Ungewöhnliches und Spektakuläres ist geplant, aber gleichzeitig soll das Bewusstsein beim Publikum geschärft werden, dass auch jedes Zykluskonzert ein einmaliges Erlebnis ist. Selbst an die Kleinsten wird gedacht. Ein Programm verfolgt die Idee, Kinder komponieren zu lassen. „Und egal, was dabei herauskommt", freut sich Anselm Rose jetzt schon, „unsere Musiker werden es spielen." Aber was hat es nun auf sich mit dem Dresdner Klang? „Es ist ein dunkler, etwas schokoladiger Klang, warm, süßlich, aber angenehm und insbesondere bei den Streichern charakteristisch", versucht Anselm Rose eine Beschreibung. „Wenn man die Philharmonie oder die Staatskapelle Dresden mit anderen Orchestern vergleicht, fällt das schon auf." Zudem wurde in Dresden etwas erhalten, was es woanders kaum noch gibt: Der Orchesternachwuchs kommt aus der eigenen Stadt. Da auch Professoren und Dozenten, die an der Hochschule unterrichten, im Ensemble spielen, wird die Tradition des Dresdner Klangs weitergereicht.

Einmal im Jahr mischen sich seit 1970 in den **Sound of Dresden** Banjo, Posaune, Kontrabass und Trompete. Zehntausende stürmen dann regelrecht die Stadt, wenn in der ersten Maihälfte das **Internationale Dixielandfestival** ruft. Fast kollektiv verfallen 500 000 Menschen dem New Orleans Jazz und seinen Spielarten. Gute Laune allerorten. Auch, weil dies wohl eines der letzten großen Events ist, das die Generationen zwischen 10 und 100 gemeinsam feiern lässt. Und weil sich die Musiker, im Gegensatz zu anderen Festivals, in Dresden keinem Wettbewerb stellen müssen, haben auch die Bands enormen Spaß. „Wobei in manchen Jahren der Grat zwischen Musikfestival und bierseligem Volksfest bedenklich in Richtung des letzteren verlassen wurde", gibt **Klaus-Georg Eulitz** zu bedenken, Chef, Sänger und Banjospieler der allseits beliebten **Blue Wonder Jazzband.** Gegründet 1975 und benannt nach Dresdens berühmtester Brücke, spielt man auch nach 30 Jahren noch in der Gründungsbesetzung – bei sieben Mitgliedern ein Weltrekord. „Das Geheimnis ist einfach: Wir haben immer so oft gespielt, wie wir wollten, aber nie so oft, wie wir konnten", erklärt Eulitz den Zusammenhalt und meint, dass die Gruppe zudem eine „furchtbar demokratische Band" sei – jeder hat ein Vetorecht. Im Hauptberuf fast alle in Wissenschaft und Forschung diplomiert und habilitiert, geht das Septett auf der Bühne vor allem seiner Liebe zum Jazz der Zwanziger und Dreißiger nach, der junge Louis Armstrong, Jelly Roll Morton oder Duke Ellington. Dabei hat die Blue Wonder Jazzband einen eigenen Klang entwickelt, dessen Markenzeichen – ein formidabler dreistimmiger Gesang – lange im Ohr bleibt.

Was in Dresden noch nachklingt: das Soul-Wunder Anna-Maria Scholz, die fröhlichen **Robert & The Roboters,** die verrückten **Dekadance,** die Reggae-Helden **Yellow Umbrella,** die verwegenen Radaubrüder **Free Little Pigs,** die wilden **Lazyboys** … Man muss sich nur mal im **„Blue Note"** umhören.

Uwe Stuhrberg

Vom Spiel der Aromen

Die Wanderung durch die Hügel und Dörfer des sächsischen Weins ist selten eine Durststrecke

„Die ersten zwei Etappen sind für Historiker, die dritte ist die Schönste und die letzten drei sind für Genießer", sagt Werner Starke. Wir befinden uns auf dem **Sächsischen Weinwanderweg,** und der ist Starkes Idee, entstanden 1997 im Urlaub in der Pfalz. Doch sieben Jahre sollte es dauern, bis der Geograph die Fremdenverkehrsvereine überredet hatte, den Weg zu markieren und Winzer ihre Weinberge öffneten. Der Anfang der Sächsischen Weinstraße ist recht trist.
Sie beginnt auf einem Parkplatz in **Pirna.** Die erste Etappenhälfte bis nach **Graupa** wird zur Durststrecke, nicht nur für die Kehle. Statt an Rebhängen laufe ich an Vorgärten vorbei, lande immer wieder an der lauten Bundesstraße nach Dresden und suche ihn vergeblich, den sächsischen Wein.
Auf den richtigen Weg führt mich Richard Wagner. Ihm, der im **Schlosspark von Graupa** 1846 die Noten zu „Lohengrin" schrieb, ist ein Kulturpfad gewidmet. An seinem Ende weist eine Büste des berühmten Sommerfrischlers die Wanderer auf den Weinbergsweg, der endlich seinem Namen gerecht wird: Hinter **Oberpoyritz** erhebt sich aus dem Nichts ein Weinberg – die **Rysselkuppe.** Schnurgerade ziehen sich die Zeilen der Rebstöcke den Spitzkegel hoch. Gleich nebenan liegt der **königliche Weinberg von Pillnitz.** Hier kultiviert und keltert Klaus Zimmerling, einer der Ersten, der mit ökologischem Weinbau anfing, **Riesling, Kerner, Gewürztraminer** und **Bacchus.**
Steil aufwärts führt der **Leitenweg** zur Oberkante, der Atem wird kürzer, das Schrittmaß auch. Doch die Mühe wird belohnt mit einem Blick über die Rebhänge, die Dächer des **Pillnitzer Schlosses** und das silbrige Band der Elbe.
Mönche brachten im **12. Jahrhundert** den Wein nach Sachsen; eine Urkunde belegt, dass Markgraf Otto einen Weinberg verschenkte. Bis zum **16. Jahrhundert** dehnten sich die Anbauflächen auf – heute unglaublich – geschätzte 5000 Hektar aus. Aber dann brachen schlechte Zeiten für den Elbwein an. In der Reformationszeit verschwanden mit der Auflösung von Klöstern auch deren Weingärten, in den Häfen Europas landeten Schiffe an mit den neuen exotischen Importen Kaffee, Kakao und Tee. Ende des **19. Jahrhunderts** schließlich hackten Bodenspekulanten der Gründerjahre die Rebstöcke um. Die Reblauskatastrophe im Jahr **1887** war nicht die Ursache für das Ende des Weinbaus, nur der Todesstoß.
Erst in den **zwanziger Jahren des 20. Jahrhunderts** ging es mit reblausresistenten Sorten wieder aufwärts. Nach dem Zweiten Weltkrieg rackerten sich Feierabendwinzer an den Steilhängen ab und hielten die Weinbaukultur über die DDR-Zeit am Leben. Meißen war das **Bordeaux der DDR,** doch Wein gab es nur gegen zehn Stunden Steinelesen im Weinberg. Dass für einen guten Tropfen weniger Trauben am Rebstock besser sind als mehr, lernten die Winzer erst nach der Wende.
Alles das erfahre ich von den Winzern, denen ich begegne, und auf dem Lehrpfad, der mich über den **Pillnitzer Weinberg** leitet. Unten geht die erste Wanderetappe nach fünf Stunden zu Ende. Ohne einen Schluck Wein. „Ruhetag", verkündet die Weinschänke, die einzige Einkehrmöglichkeit auf dieser Strecke.
Die zweite Etappe führt von **Pillnitz** über **Hosterwitz** mit der hübschen Schifferkirche **Maria am Wasser** und **Wachwitz** zunächst nach **Loschwitz.** Hier ziehen sich die stadtnahen Rebhänge der drei **Albrechtsschlösser** malerisch an der Elbe entlang. Im Kavaliershaus von **Schloss Albrechtsberg** befindet sich die **Winzerei** von **Lutz Müller.** Der Betrieb unterhält nicht nur eine Straußenwirtschaft, sondern lädt auch zu Weinproben und Weinseminaren. Über **Neustadt** und **Trachenberge** nähert sich diese Wanderung nach insgesamt 18 Kilometern beim **Wilden Mann** ihrem Ende.
Die dritte Etappe hat über Trachau, Junge Heide, Boxdorf, Oberlößnitz, Niederlößnitz und Zitzschewig das **Weingut Hoflössnitz in Radebeul** zum Ziel. Der Fachwerkhof ist mit Rebhängen umgeben.

Weingut Hoflößnitz

Wenn die Blätter sich rot färben und die Weinlese voll im Gang ist, drängeln sich hier die Reisebustouristen. Doch jetzt habe ich die 80 Deckenbilder exotischer Vögel im Festsaal des Berg- und Lusthauses und die mit Jagdszenen und Sibyllenbüsten geschmückten einst kurfürstlichen Schlafgemächer fast für mich allein. Auch das Weingutmuseum ist sehenswert.
Weiter geht es auf der **Radebeuler Weinbergstraße.** Links Feldsteinmauern, hinter denen die Rebstocklandschaft dahingleitet, rechts Winzerhäuser und Villen. Hinter der hohen blauen Pforte von Nummer 10 verbirgt sich das **Meinholdsche Turmhaus,** erbaut um 1750. Es beherbergt heute das **Weingut von Karl Friedrich Aust,** dem jüngsten Winzer Sachsens. 1994 hielt er die erste selbst gekelterte Flasche Müller-Thurgau in den Händen. Mit 300 Rebstöcken hat er angefangen, heute sind es 15 000 mit sechs Sorten. Plötzlich wird es laut. Fünfzig Hobbywinzer samt Gattinnen

Das Weinbaugebiet Sachsen zieht sich 55 Kilometer an den Elbhängen zwischen Pirna und Diesbar-Seußlitz entlang

ar zu Zeiten Augusts des Starken eine Quelle des kurfürstlichen Weins

stolpern durchs Tor zur angemeldeten Besichtigung. Das Glas, das ihnen auf der Brust baumelt, war wohl schon ein gutes Dutzend mal gefüllt an diesem Tag. Karl Friedrich Aust ignoriert die Weinseligkeit seiner Gäste und zieht sie munter erzählend hinter sich her. Ein Hobbywinzer zeigt auf ein Feld: „Völlig verwildert, da kommt man ja gar nicht durch zum Spritzen." Will der Besitzer auch nicht, zu sehr gepflegte Weinberge seien anfälliger für Krankheiten, erklärt er. „Entscheidend ist, was im Glas ist", meint ein anderer Besucher und nippt zufrieden an einem leichten Bacchus. Ein Experiment ist auch der Austsche Traminer. Der Winzer lässt einen Teil des Rebensaftes im Eichenfass vergären, da die leichte Holznote gut zum würzigen Geschmack passt. „Das ist wider die Weinehre", ruft einer. Der Traminer sei der Stolz der sächsischen Weinbauern und gehöre unverfälscht in die Flasche. Der Radebeuler Rebell nimmt es gelassen. Eine halbe Stunde später verabschiedet er eine beglückte Gruppe. Die Sonne taucht die grünen Hänge in weiches Abendlicht, spiegelt sich in den Fenstern der prächtigen Villen. Am **Jacobstein** geht es eine fast senkrechte „Himmelsleiter" hinunter zum **Schloss Wackerbarth,** dem heutigen **Sächsischen Staatsweingut**. Im Schlosskeller traf sich einst die von August dem Starken gegründete „Gesellschaft zur Bekämpfung der Nüchternheit" zum Üben. Der Monarch hatte seinen Freund, Feldmarschall August Christoph Graf von Wackerbarth, animiert, ein barockes Lustschloss mit Gärten und Belvedere mitten in die Weinberge von Radebeul zu setzen. Heute gibt Sonja Schilg hier den Ton an. Sie will die zur DDR-Zeit auf Eis gelegte Genusstradition beleben, und das auf unterhaltsame Weise. In 45 Minuten wird dem Wein-Eleven erklärt, welche Sorte welchen Boden bevorzugt, warum die moderne Kelteranlage mit ihrem blitzenden Stahl zartfühlender mit den Trauben umgeht als Adriano Celentano mit den Füßen im Bottich in „Der gezähmte Widerspenstige". Man erfährt, wie die Hefe aus der Flasche gelangt, ohne dass der Sekt hinterherschwappt. Der Gast muss nicht mit Begriffen wie „elegant", „rassig" und „stahlig" jonglieren. Der Kellermeister freut sich auch über ein einfaches „Schmeckt!" oder „Prickelt schön."
Wer mehr herausschmecken will, kann bei der Weinprobe „Spiel der Aromen" seine Nase trainieren. Erst taucht sie tief ins Weinglas ein, dann in Gläser mit Himbeeren, Rosenblättern oder Nelken. Welches natürliche Aroma passt zu welchem Wein? Scheurebe ist einfach: schwarze Johannisbeere. Aber wonach duftet der Kerner – nach grünen oder roten Äpfeln? „Scheurebe und Traminer sind sehr aromatische, feminine Weine", sagt Sonja Schilg. Sie leitet seit 2002 das Staatsweingut, den Goliath unter den sächsischen Weingütern mit 93 Hektar Rebfläche, 500 000 abgefüllten Flaschen Wein und Sekt im Jahr und 80 Mitarbeitern. „Sächsischer Wein und Sekt sind der Beweis dafür, dass man sich eine Kompetenz erarbeiten kann, wenn man nur genussfreudig ist", sagt die Winzerin, lacht und stößt mit Sekt an, benannt nach August dem Starken. Zuprostend blicke ich in den Abendhimmel, die Sterne über den Weinbergen verschwimmen langsam. Diese Etappe war wahrlich keine Durststrecke.
An der **fünften Etappe** in Meißen ist ein Weinprobenbummel durch die Keller der Stadt sehr zu empfehlen, wenn auch Weinfreund Goethe 1813 darauf verzichtete. Er hatte seinen eigenen Wein mitgebracht. Am anderen Elbufer liegt auf einer Anhöhe **Schloss Proschwitz,** einst sächsischer Sitz der Fürsten zur Lippe. Georg Prinz zur Lippe kaufte den alten Familienbesitz zurück. Das Weingut des gelernten Agrarökonomen mit 13 Rebsorten wurde zum Vorzeigebetrieb.
Werner Starkes Herz hängt besonders an der **sechsten Etappe,** die wir gemeinsam gehen. Wein wachse ja vielerorts, aber wo schon stünden die Rebstöcke in Burgwallanlagen aus der Bronzezeit? Zwischen Meißen und Diesbar-Seußlitz gibt es gleich drei davon. Am Ende kämpfen wir uns durch dichtes Gestrüpp, steigen die verwitterte Treppe zur **Heinrichsburg** hinab. Plötzlich öffnet sich ein fantastischer Blick auf **Schloss und Park Seußlitz,** gerahmt von Weinbergen. „Kann es ein schöneres Finale geben?" ruft Pfad-Finder Starke begeistert aus. Niemals.

Nora Miethke

Winzer Karl Friedrich Aust mit Proben für eine Verkostung

Sachsenwein

Rebsorten und Winzer

Eine Auswahl:

An den Hängen des Elbtals werden auf ca. 450 Hektar Rebfläche vor allem folgende Sorten angebaut: Müller-Thurgau, Riesling, Weißburgunder, Grauburgunder, Traminer, Spätburgunder, Kerner, Elbling, Dornfelder, Goldriesling, Bacchus. Sachsen, das kleinste der 13 deutschen Weinanbaugebiete, liefert nicht einmal 0,5 Prozent der deutschen Weinerträge. Die Jahresproduktion liegt bei etwa 800 000 Flaschen.

Sächsische Winzergenossenschaft Meissen
Bennoweg 9, Meißen
Tel. (035 21) 78 09 70
www.winzergenossenschaft-meissen.de
Mo-Fr 9.30-18, Sa 9.30-13 Uhr

Weingut Klaus Zimmerling
Bergweg 27
Dresden-Pillnitz
Tel. (03 51) 261 87 52
Verkauf ab Hof nach Anmeldung

Winzer Lutz Müller
Bautzner Str. 130
Dresden
Tel. (03 51) 799 70 71
www.winzer-mueller.de
Verkauf nach Anmeldung

Weingut Hoflössnitz
Knohllweg 37, Radebeul
Tel. (03 51) 839 83 44
www.hofloessnitz.de
Di-Fr 10-13 Uhr, 14-18 Uhr
Sa/So 10-18 Uhr

Weingut Karl Friedrich Aust
Weinbergstraße 10
Radebeul
Tel. (03 51) 89 39 01 00
www.weingut-aust.de
Verkauf ab Hof nach Anmeldung

Sächsisches Staatsweingut
Schloss Wackerbarth
Wackerbarthstr. 1, Radebeul
Tel. (03 51) 895 50
www.schloss-wackerbarth.de
tgl. 9.30-20 Uhr

Weingut Schloss Proschwitz
Dorfanger 19
Zadel/ Meißen
Tel. (035 21) 767 60
www.schloss-proschwitz.de
tgl. 10-18 Uhr

MERIAN | TIPP

Ein Helles im Grünen: Biergärten allerorten

Dass Dresden eine der grünsten deutschen Städte ist, hat auch zur Folge, dass es eine schier unglaubliche Zahl an Biergärten gibt. Vor allem in Elblage, mit Panoramablick auf die Stadt oder im Großen Garten erfreuen sich die Freiluft-Schänken besonders großen Zuspruchs – und das ganz ohne Sperrstunde. Lokalpatrioten, die die Dresdner sind, bevorzugen sie vor allem die einheimischen Biersorten Radeberger und Feldschlösschen sowie verschiedene dunkle Gerstensäfte aus der Region.

Mitten in den Elbwiesen liegt der **Fährgarten Johannstadt**
Käthe-Kollwitz-Ufer 23b (H 2)
Mit 300 Sitzplätzen und eigener Boots- und Fähranlegestelle kommt man hier per Selbstbedienung schnell zu Trank und auch Speis.

Einen schönen Ausblick auf die Stadt hat man vom **Brauhaus am Waldschlösschen**
Am Brauhaus 8b (I 1)
mit 1000 Plätzen draußen und hausgebrautem Pils.

In der grünen Lunge der Stadt, dem Großen Garten, liegt die **Torwirtschaft**
Lennéstraße 11 (G 5)
Auf 800 Plätzen unter Bäumen glaubt man sich kaum mitten in der Stadt.

RESTAURANTS

(E 3) **Alte Meister**
Das Restaurant in der Gemäldegalerie, eröffnet 2002, gehört zu den Aufsteigern. Tagsüber Bistrokarte, am Abend Gourmettempel. Kein Wunder, dass Dirk Wendes kreative Jahreszeitenküche viele Fans gefunden hat.
Theaterplatz 1a, Tel. 481 04 26
tgl. 10-1 Uhr €€

(I 1) **Brauhaus am Waldschlösschen**
Das hausgebraute Waldschlösschen-Bier ist ein Renner. Haxe, Hähnchen, Leberkäse in diesem großen Lokal auch. Im Sommer locken die Terrasse und der riesige Biergarten mit Blick auf den Fluss.
Am Brauhaus 8b, Tel. 652 39 00
tgl. 11-1 Uhr €€

(F 3) **Canaletto**
Wer die neue deutsche Küche von Holger Bartkowiak genießt, bekommt den berühmten Canaletto-Blick gratis dazu. Dort, wo Bellotto 1747 die Altstadt malte, werden heute Menüs der Extraklasse zelebriert. Nicht nur Business-Reisende wissen werktags den Lunch zu schätzen.
Große Meißner Str. 15 / Hotel Westin Bellevue, Tel. 805 15 58
tgl. 6.30-10.30, 12-14.30 Uhr 17.30-22.30 Uhr €€€€

(F 2) **Caroussel**
In allen Hitlisten Sachsens ganz vorn. Im Sturm hat der schwäbische Chefkoch Stefan Hermann die Gourmetherzen Dresdens erobert: mit sensationellen Menüs, einem vortrefflichen Weinkeller und Erfindungsreichtum bis ins Detail.
Rähnitzgasse 19 / Hotel Bülow Residenz, Tel. 800 30
Di-Sa 12-14 und ab 18.30 Uhr

(E 4) **Intermezzo**
Das Edel-Restaurant im Kempinski wartet mit pompöser Ausstattung und exzellentem Service auf. Zu klassischer Musik lässt Küchenchef Jörg Mergner Gerichte servieren, für die er sich Inspiration aus aller Welt holt. Spitzenweine und schöner Innenhof.
Taschenberg 3 / Kempinski Tel. 491 27 12 *tgl. 6.30-10.30, 12-15, 18-23.30 Uhr* €€€€

(E 3) **Italienisches Dörfchen**
Touristische Allzweckwaffe in Opernlage. In mehreren aufwändig gestalteten Sälen und Räumen werden Völker aus aller Welt bestens verköstigt. In der ersten Etage wartet das „Bellotto“ mit italienischer Küche auf, ebenso das über die Straße gelegene und zum Ensemble gehörende „Piccolo“.
Theaterplatz 3, Tel. 49 81 60
tgl. 10-24 Uhr €€

(E 3) **Kahnaletto**
Das Restaurant auf dem Theaterkahn punktet mit guter italienischer Küche, einem schönen Ausblick auf beide Elbufer sowie sympathischem Service.
Terrassenufer unter der Augustusbrücke, Tel. 495 30 37
tgl. 12-15 18-24 Uhr €€

(G 5) **Lesage**
In der Gläsernen Manufaktur. Oben werden Phaetons und Bentleys montiert, unten wird Red Snapper serviert. Sonntags Jazz-Brunch.
Lennéstraße 1, Tel. 420 42 50
tgl. 12-14.30, 18-22 Uhr

(N 3) **Luisenhof**
Sächsisches und Mediterranes wird hier zusammengebracht, als würde es schon immer zusammengehören. Einzigartiger Blick über die Stadt – man isst auf dem „Balkon Dresdens“.
Bergbahnstr. 8, Tel. 214 99 60
Mo-Sa 11-1, So 10-24 Uhr €€

(F 4) **Ogura**
Das beste japanische Restaurant der Stadt. Yukio Ogura hat es in der ersten Hilton-Etage traditionell einrichten lassen und bereitet Fisch, Fleisch und Sushi auf meisterhafte Weise zu. Immer wieder günstige Menüs und Aktionen.
An der Frauenkirche 5 / Hilton Tel. 864 29 75 *tgl. 12-14 17.30-22.30 Uhr* €€€

(A 3) **Pattis**
In seinem Gourmetrestaurant zelebriert Mario Pattis vorrangig zwei Menüs, jedes für sich ein Erlebnis. Das „Höfische Essvergnügen" präsentiert historisch belegte Mahlzeiten sächsischer Fürsten. Bei seiner „Creation à la Mode" lässt der Maître seine eigene Phantasie spielen. Im „Vitalis“, dem zweiten Lokal, wird leichte Küche serviert.
Merbitzer Str. 53, Tel. 42 55-0
Gourmetrestaurant Di-Sa 18-24 Uhr €€€€
Vitalis tgl. 11-23 Uhr €€€

(F 4) **Pulverturm**
Hinab ins Gewölbe und mal richtig rustikal wie bei August geschlemmt. Dazu unterhalten Gaukler, Zauberer und Musiker die Gäste an den Tischen.
An der Frauenkirche 12a Tel. 26 26 00 *tgl. 11-1 Uhr* €€

(L 2) **Schloss Eckberg**
Royale Küche und Spitzen-Ausblick. Schon das fürstliche Flair ist das Kommen wert. Internationale Karte.
Bautzner Str. 134, Tel. 809 91 93
tgl. 6.30-10.30, 11.30-23 Uhr €€€

(M 3) **Villa Marie**
Die Villa mit Turm und Elbterrasse ist ein Stück Toskana am Blauen Wunder. Originelle italienische Küche. Ein Ort für Kenner und Genießer.
Fährgässchen 1, Tel. 31 54 40
tgl. 11.30-1 Uhr €€€

(G 1) **Villandry**
Die Feinschmecker-Oase des Szeneviertels Äußere Neustadt, charmant-legeres Ambiente. Tipp: Crème brûlée!
Jordanstraße 8, Tel. 899 67 24
Mo-Sa 18.30-24 Uhr €€

Weitere Restaurants auf dem Faltplan

Alte Meister: tags Bistro-Angebot, abends mehrgängige Menus

art'otel: die Kunst, den Gast mit Kunst zu verwöhnen

HOTELS

(O 6/7) **Alttolkewitzer Hof**
In der Elbaue des Dresdner Ostens. Landhausstil, familiärer Service. Schon Gräfin Cosel bewunderte von hier den Wachwitzer Elbhang – ihre Sandsteinbank ist noch da.
Alttolkewitz 7, Tel. 251 04 31
Fax 252 65 04, www.alttolkewitzer-hof.de €€

(D 3) **art'otel**
Die A.R. Penck-Skulptur auf dem Dach ist schon von weitem zu sehen. Auch sonst ist das Hotel ganz dem aus Dresden stammenden Künstler gewidmet. Italienisches Design, Zimmer und Studios überraschen mit technischen Finessen.
Ostra-Allee 33, Tel. 49 22-0
Fax 492 27 77
www.artotels.com €€€

(H 2) **Backstage**
Nur wenige Zimmer, aber die haben es in sich. Jedes wurde von einem anderen Dresdner Künstler mit unterschiedlichsten Materialien designt. Zum Staunen! Langfristig buchen.
Prießnitzstr. 12, Tel. 888 77 77
Fax 888 77 99, www.backstage-dresden.de €€

(F 2) **Bülow Residenz**
Luxushotel mit barockem Flair in der Inneren Neustadt. Großzügige Zimmer, individueller Service.
Rähnitzgasse 19, Tel. 80 03-0
Fax 800 31 00, www.buelow-residenz.de €€€€

(D 4) **Elbflorenz**
Das Hotel des Dresdner World Trade Centers. Moderner Komfort, gut geeignet für Business-Reisende.
Rosenstraße 36
Tel. 86 40-0, Fax 864 01 00
www.hotel-elbflorenz.de €€€

(E 2) **Gästehaus Stadt Metz**
Sehr günstige und gut ausgestattete Zimmer und Apartments in Elbnähe zentral an der Inneren Neustadt. Freundlicher und persönlicher Service.
Robert-Blum-Straße 9
Tel. 802 43 78, Fax 802 43 79
www.haus-metz.de €

(F 3/4) **Hilton**
Beste Lage am wieder entstehenden Neumarkt an der Frauenkirche. Moderne Zimmer, exzellenter Service. Ein gutes Dutzend Restaurants und Bars.
An der Frauenkirche 5
Tel. 86 42-0, Fax 864 27 25
www.hilton.de/dresden
€€€€

(E 4) **Kempinski Hotel Taschenbergpalais**
Fünf-Sterne-Grand-Hotel in bester Altstadtlage nahe Zwinger und Schloss sowie in Sichtweite von Semperoper und Schauspielhaus. Jeglicher Komfort. Im Haus u. a. das Gourmetrestaurant „Intermezzo" und die Classic American Bar. Im Winter Eislaufbahn mit Schneebar.
Taschenberg 3, Tel. 49 12-0
Fax 491 28 12, www.kempinski-dresden.de €€€€

(F 2) **Martha Hospiz**
Familiengeführtes Haus mit 100-jähriger christlicher Tradition. Zimmer z. T. im Biedermeierstil, sieben rollstuhlgerechte Doppelzimmer. Rustikale Gastronomie im Kartoffelkeller.
Nieritzstraße 11
Tel. 81 76-0, Fax 817 62 22
www.marthahospiz.de €€€

(E 5) **Mercure Newa**
Hochhaus am Fußgänger-Boulevard Prager Straße nahe dem Hauptbahnhof.
St. Petersburger Straße 34
Tel. 48 14 10, Fax 495 51 37
www.mercure.com €€

(B 2) **Park Plaza Dresden**
Zwischen Altstadt und Airport gelegen. Guter Komfort zu günstigen Preisen.
Königsbrücker Straße 121a
Tel. 80 63-0, Fax 806 37 20
www.parkplaza.com €€

(A 3) **Pattis**
Schöner wohnen im grünen Zschonergrund. Familienbetrieb mit Klasse statt Masse. Gutes Wellness-Angebot, Gourmet-Gastronomie.
Merbitzer Str. 53
Tel. 42 55-0, Fax 425 52 55
www.pattis.net €€€

(L 2) **Schloss Eckberg**
Königlich logieren. Lage mit Panoramablick in einem traumhaften Park. Schlosssuiten mit Antiquitäten und Marmorbädern.
Bautzner Str. 134, Tel. 809 90
Fax 809 91 99, www.hotel-schloss-eckberg.de €€€€

(F 4) **Radisson SAS Gewandhaus Hotel**
Luxushotel hinter barock-klassizistischer Fassade. Biedermeier in den Zimmern, glasüberdacht das Atrium, Wohlfühl-Atmosphäre im Wellnessbereich.
Ringstr. 1, Tel. 494 90
Fax 494 94 90, www.radisson-sas.com €€€€

(C 4) **Schlosshotel Pillnitz**
Traumhafte Lage auf dem Parkareal des Pillnitzer Schlosses. Gutes Preis-Leistungs-Verhältnis. Beliebt bei Hochzeitspaaren.
August-Böckstiegel-Straße 10
Tel. 261 40, Fax 261 44 00
www.schlosshotel-pillnitz.de
€€

(F 3) **The Westin Bellevue**
Von der Elbseite der berühmte Canaletto-Blick auf die Altstadt. Beim Bau des Hauses wurde eines der letzten barocken Bürgerhäuser integriert.
Große Meißner Straße 15
Tel. 80 50, Fax 805 16 09
www.westin-bellevue.com
€€€

Hostel-Tipp

Preiswert schlafen zum Mondschein-Tarif
Eines vorweg: Am Wochenende ohne Reservierung einen Platz in Dresdner Hostels zu erwischen, kann zum Abenteuer werden. Die Stadt zieht mehr junges Publikum an denn je – preiswerte Übernachtungen sind da gefragt.
Der „Mondpalast" verbindet mehrere Vorzüge: eine große Cafébar im Erdgeschoss mit Internet-Ecke zum Surfen und ein ordentliches Frühstücksbuffet für 5 Euro. Neben den obligatorischen 3- bis 10-Bettzimmern sind auch Doppel- und Einzelzimmer im Angebot – alle in unterschiedlichen Farben gestaltet und mit praktischen Holzmöbeln ausgestattet. Und nicht zu vergessen: Fast jede Woche gibt es witzige Veranstaltungen wie Karaokeshows, Konzerte oder die Plattenbörse „Gumbo".

(G 1) **Mondpalast**
Louisenstraße 77
Tel. 563 40 50
www.mondpalast.de

Das Hostel Mondpalast ist bei Jugendlichen beliebt

Preiskategorien

Alle Adressen im Info-Magazin sind MERIAN-Empfehlungen.
Preiskategorien Restaurants (ein Hauptgericht):
€ bis 10 €, €€ 10-15 €
€€€ mehr als 15 €
Preiskategorien Hotels:
€ DZ unter 50 €, €€ DZ 50-100 €, €€€ DZ 100-150 €
€€€€ DZ über 150 €

Bewährungsprobe 2002: als die Weißeritz den Bahnhof flutete

MERIAN | WETTINER

Populärer Alleinerzieher

Friedrich August III. war der letzte Herrscher Sachsens und beliebtester Monarch seiner Zeit

Er war ein heimatverbundener Wanderer, weltoffener und gebildeter Reisender. Von Zeitzeugen wird er auch als warmherziger Vater und kontaktfreudiger Gesprächspartner beschrieben. Und er war Sachse aus vollem Herzen. Letzteres und die Tatsache, dass er so oft wie möglich die Nähe zum Volk suchte, machte den letzten Herrscher der Wettiner, König Friedrich August III., zu einem der beliebtesten Monarchen im Europa des 20. Jahrhunderts. Zwei Jahre vor seinem Amtsantritt war ihm seine Frau, die habsburgische Luise von Toskana, nach einer Affäre mit dem Hauslehrer davongelaufen. Der allein erziehende Vater von drei Prinzen und zwei Prinzessinnen trat nach dem Tod seines unpopulären Vaters, König Georg, im Oktober 1904 die Thronfolge an. Er stand vor den Problemen eines heruntergewirtschafteten Staates und sah sich zunächst großem Misstrauen der Bevölkerung gegenüber. Doch der sächsische Charme, mit dem er seinen Landsleuten auf seinen Fahrten durch Sachsen begegnete, ließ die große Distanz zwischen Volk und Königshaus schwinden. Sachsen war das kleinste der vier deutschen Königreiche, erlangte unter Friedrich August III. jedoch mit einer fortschrittlichen Infrastruktur und blühendem Handel eine wirtschaftliche Führungsrolle. Dem militärbegeisterten König, dem eine Vorliebe für einfache Marschmusik und völliges Desinteresse an Theater und Oper nachgesagt werden, war in seinen 14 Regierungsjahren dennoch ein großer Förderer von Kunst und Kultur. Er betrieb den Bau von Museen und Schauspielhäusern in Dresden, Leipzig und Chemnitz und investierte ein Drittel seiner eigenen Gelder in die Dresdner Gemäldesammlungen. Friedrich August III. hatte nach der Verfassung mehr Macht als andere Monarchen, spielte sie jedoch kaum aus: Er mischte sich nur selten in politische Geschäfte ein. Den revolutionären Arbeiter- und Soldatenräten beugte er sich 1918 ohne Murren. „Macht doch eiern Dreck alleene", sprach er am 13. November bei seinem Thronverzicht und beendete damit die 800-jährige Wettiner Dynastie. Als er 14 Jahre später einem Gehirnschlag erlag, trauerten über eine halbe Million Menschen – als liebenswerter Landesvater war er bis zu seinem Tod präsent gewesen. *Kristina Schlegel*

Bewährung 1904: als Prinzessin Luise ihren Friedrich August sitzen ließ

300 v. Chr. Erste Besiedlungen durch germanische Stämme.
um 600 Slawische Sorben lassen sich an der Elbe nieder und nennen sich selbst „Drezdany" (Sumpfleute).
1206 Erste urkundliche Erwähnung des Ortes „Dresdene".
1216 Erwähnung der Stadt Dresden.
1423 Sachsen Kurfürstentum.
1539 Herzog Heinrich der Fromme führt die Reformation ein. Martin Luther hatte 21 Jahre zuvor in der Dresdner Schlosskapelle gepredigt.
1560 Kurfürst August (1553-1586) richtet im Residenzschloss die Kunstkammer ein, den Grundstock für die heutigen Dresdner Kunstsammlungen.
1685 Ein großer Teil der Stadt wird bei einem Brand vernichtet. Hier entsteht später die prachtvolle Neustadt.
1694 Kurfürst Friedrich August I., der Starke, regiert bis 1733 und leitet die Errichtung repräsentativer Bauten ein. Das Oberbauamt sorgt für eine geordnete Stadtplanung.
1697 Wahl Augusts des Starken zum König von Polen. Der Monarch konvertiert zum Katholizismus.
1708 Im Festungsgewölbe wird das „Weiße Gold", das Porzellan, erfunden.
1710 Gründung der Meißner Porzellanmanufaktur.
1719 Kurprinz Friedrich August II. (1733-1763) heiratet Maria Josepha, Erzherzogin von Österreich und Tochter des habsburgischen Kaisers.
1760 Im Siebenjährigen Krieg wird Dresden von Preußen besetzt und ein Drittel der Innenstadt zerstört.
1806 Kurfürst Friedrich August III., „der Gerechte", wird König Friedrich August I. von Sachsen.
1813 Napoleons letzter Sieg in der Schlacht bei Dresden fordert 23 000 Menschenleben.
1828 Die Königlich-Technische Bildungsanstalt wird eröffnet, Vorläufer der TU.
1839 Die erste deutsche Fernbahnlinie von Dresden nach Leipzig wird eröffnet.
1893 Das „Blaue Wunder" wird eingeweiht – die erste freitragende Eisenbrücke Europas.
1901 Schwebebahn in Loschwitz.
1904 Friedrich August III. tritt die Thronfolge seines Vaters König Georg an. Er investiert viel in die Kulturentwicklung des Landes.
1918 Nach der Abdankung Friedrich Augusts III. im Zuge der Novemberrevolution wird Dresden Hauptstadt des Freistaates Sachsen.
1945 Der Untergang des alten Dresden. Das Bombardement der Alliierten in der Nacht vom 13. auf den 14. Februar zerstört nahezu die gesamte Innenstadt. Schätzungsweise 35 000 Menschen sterben.
1952 Auflösung der Länder in der DDR. Dresden wird Hauptstadt des gleichnamigen Bezirks.
1963 Der Wiederaufbau des Zwingers ist nach 18 Jahren abgeschlossen.
1985 Neueröffnung der 1945 zerstörten Semperoper.
1989 Die Züge mit den Prager Botschaftsflüchtlingen werden über Dresden geleitet. Großdemonstrationen gegen das SED-Regime.
1990 Dresden wird wieder Landeshauptstadt des neu gegründeten Freistaates Sachsen.
2002 „Jahrhundertflut" mit Rekord-Höchststand der Elbe von 9,40 m. 35 000 Menschen werden evakuiert, die Beseitigung der Schäden kostet mehr als 300 Millionen Euro.
2005 Nach elfjährigen Aufbauarbeiten wird die Frauenkirche neu geweiht.

Sehenswert

- Albertinum .... F 4
- Alter Jüdischer Friedhof .... G/H 2
- Altmarkt .... E 4
- Augustusbrücke .... F 3
- Blaues Wunder .... M/N 3
- Botanischer Garten .... G/H 5
- Brühlsche Terrasse .... F 3
- Elbschlösser .... L 2
- Frauenkirche .... F 4
- Fürstenzug .... E/F 3/4
- Gläserne Manufaktur .... G 5
- Großer Garten .... F-I 5-7
- Hellerau (Gartenstadt) .... B 2
- Hofkirche .... E 3
- Italienisches Dörfchen .... E 3
- Japanisches Palais .... E 2
- Kongresszentrum .... E 3
- Kreuzkirche .... E/F 4
- Loschwitz .... M-O 2/3
- Max-Planck-Institut .... K 3
- Neue Synagoge .... F 3/4
- Pfunds Molkerei .... G/H 2
- Residenzschloss .... E 3/4
- Sächsische Dampfschifffahrt (Anlegestelle der Weißen Flotte) .... F 3
- Sächsische Landesbibliothek .... E 7
- Schloss Pillnitz .... C 4
- Taschenbergpalais .... E 4
- Theaterplatz .... E 3
- UFA-Palast .... E 5
- Weißer Hirsch .... N/O 2
- Yenidze .... D 3
- Zoologischer Garten .... F/G 6
- Zwinger .... E 3/4

Museen

- Buchmuseum der Sächsischen Landesbibliothek .... E 7
- Carl-Maria-von-Weber-Museum .... C 4
- Deutsches Hygiene-Museum .... F 5
- Erich-Kästner-Museum .... F 2
- Galerie Neue Meister (im Albertinum) .... F 4
- Gemäldegalerie Alte Meister (im Zwinger) .... E 3/4
- Grünes Gewölbe (im Schloss) .... E 3/4
- Kraszewski-Museum .... H 1
- Kügelgenhaus – Museum der Dresdner Romantik .... F 2
- Kunstbibliothek (im Schloss) .... E 3/4
- Kunstgewerbemuseum (im Schloss Pillnitz) .... C 4
- Kupferstich-Kabinett (im Schloss) .... E 3/4
- Landesmuseum für Vorgeschichte .... E 2
- Mathematisch-Physikalischer Salon (im Zwinger) .... E 3/4
- Militärhistorisches Museum .... B 2/3
- Münzkabinett (im Schloss) .... E 3/4
- Museum für Sächs. Volkskunst .... F 3
- Museum für Völkerkunde .... E 2
- Porzellansammlung (im Zwinger) .... E 3/4
- Rüstkammer (im Zwinger) .... E 3/4
- Skulpturensammlung (im Albertinum) .... F 4
- Staatl. Naturhistorische Sammlungen
  - im Zwinger .... E 3/4
  - im Japanischen Palais .... E 2
- Stadtmuseum und Städt. Galerie .... F 4
- Technische Sammlungen .... L 5
- Verkehrsmuseum .... F 4

Theater und Musik

- Herkuleskeule .... D 4
- Kleines Haus .... G 2
- Komödie .... D 4
- Schauspielhaus .... E 4
- Semperoper .... E 3
- Staatsoperette .... C 4
- Theater Junge Generation .... A 3
- Theaterkahn .... E 3

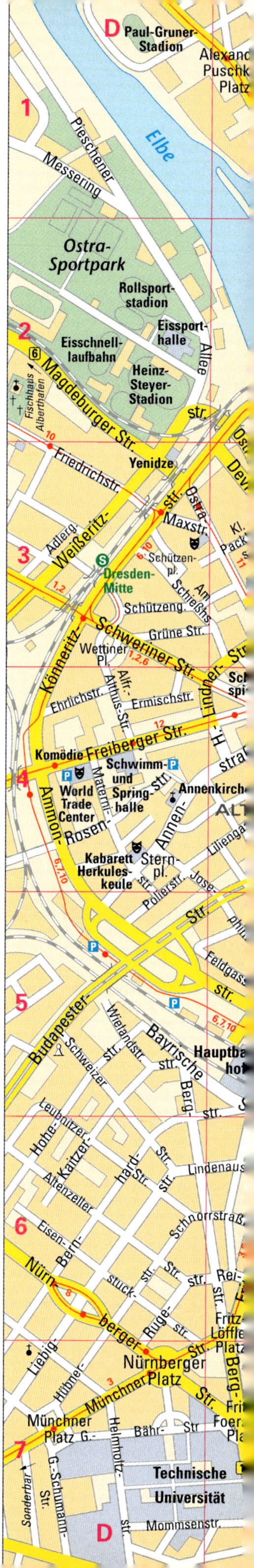

2005, 12 € Ausführliches Reisetaschenbuch über Kultur undLeben in der Stadt mit Ausflügen in die Umgebung.

Dresden – Eine vergleichende Zeitreise über zwei Jahrhunderte Volker Helas, Ralf Kukula, Lothar Sprenger, Hinstorff Verlag 2005, 24,90 € Zum 800-jährigen Stadtjubiläum (2006) verdeutlicht dieser faszinierende Fotoband die grundlegenden baulichen Veränderungen von 1800 bis heute.

Dresden – Zeithistorische Luftbilder Lothar Willmann, Edition Klageo 1998, 49,80 € In ihren exakten Proportionen wirken Altstadt, Elbe und Neustadt aus der Höhe wie ein Stadtplan. Das leistet nur die Senkrechtfotografie, die der Bildautor hier effektvoll einsetzt.

Dresdner Hefte Hrsg. Dresdner Geschichtsverein e.V., vierteljährlich, 4 € In bisher mehr als 80 Themen-Ausgaben fundierte Beiträge zur Kulturgeschichte der Region.

Die Dresdner Frauenkirche Reinhard Delau, Edition Sächsische Zeitung 2005, 24,90 € Das Tagebuch des Wiederaufbaus. Neben der gewissenhaften Chronologie machen gesonderte historische Rückgriffe, beginnend zur Zeit des Baumeisters Bähr, das Buch so reizvoll.

Die Frauenkirche zu Dresden Dieter Nadolski, Tauchaer Verlag 2002, 8,80 € Kompendium über Entstehung, Bau, Zerstörung und Aufbau.

Gemäldegalerie Alte Meister Harald Marx, Gregor J. Weber, Deutscher Kunstverlag 2001, 12,90 € 120 Meisterwerke von Raffael über Rembrandt bis zu Anton Raphael Mengs.

Galerie Neue Meister Ulrich Bischoff, Birgit Dalbajewa u.a., Deutscher Kunstverlag 2003, 14,90 € Mehr als 200 Werke vom Klassizismus bis heute.

Handbuch der deutschen Kunstdenkmäler – Dresden Georg Dehio, Deutscher Kunstverlag 2005, 28,80 € Der Klassiker unter den Denkmalführern, ausführlich und solide.

Landpartien zum Wein – Sachsen Ulla Heise, Edition Neureiter 2004, 15,80 € Auf dem Weinlehrpfad begegnet der Genießer nicht nur dem sächsischen Wein, sondern z. B. auch Luther und Schiller.

Meissner Porzellan Hans Sonntag, Jürgen Karpinski, Edition Leipzig 1998, 19,90 € Großformatige Detailabbildungen schärfen den Blick auf Dekore und Formen der berühmten Manufakturmit den Blauen Schwertern.

Schatzkunst der Renaissance und des Barock Dirk Syndram, Deutscher Kunstverlag 2005, 24,80 € 120 hervorragend fotografierte Objekte des Grünen Gewölbes werden präsentiert.

Schmidts Erben – Die Deutschen Werkstätten Hellerau Reinhard Delau, Lothar Sprenger, Verlag der Kunst Dresden 1998, 25 € Wie ein spannender Roman liest sich die Entwicklungsgeschichte der Möbelfabrik und der Gartenstadt.

Wie ich in Ludwig Richters Brautzug verschwand Thomas Rosenlöcher, Insel 1266, 10,80 € Zwei phantastisch-satirische Liebeserklärungen an die Elbmetropole.

Ich will Zeugnis ablegen bis zum letzten Tagebücher 1933–1945 Victor Klemperer, Aufbau Verlag Taschenbuch, 12 € Die erschütternde und gnadenlos detaillierte Dokumentation der Judenverfolgung in Dresden – bis zum Untergang.

MERIAN-orbit

Aus 705 Kilometer Höhe ist der urbane Raum zwischen Meißen und Pirna mit dem Mittelpunkt Dresden deutlich erkennbar. Der fast kreisrunde grüne Fleck im Zentrum ist die Dresdner Heide, die grünen Flächen im Süden stellen das östliche Erzgebirge und die Sächsische Schweiz dar

der Motorschiffe auf der Elbe (Einschiffung am Terrassenufer unterhalb der Brühlschen Terrassen). Das Angebot reicht von der Fahrt nach Loschwitz über die Schlössertour bis zum großen Törn in die Sächsische Schweiz. Es werden aber auch andere Strecken zwischen Seußlitz und Děčin befahren.

Sächsische Dampfschiffahrt
Anleger Terrassenufer
Tel. 866 09 40 (Fahrpläne)
www.saechsische-dampfschiffahrt.de

Auch als Passagier eines komfortablen Kabinen-Kreuzfahrtschiffes kann man die Elbe und Dresden erleben. Die „Viking Fontane" ist sieben bzw. acht Tage zwischen Magdeburg und Děčin und zurück unterwegs (attraktives Programm, Landausflug nach Prag möglich)

Viking Flusskreuzfahrten
Hohe Straße 68-82, 50667 Köln
Tel. (02 21) 258 62 09
www.vikingrivercruises.com

Tourismusverband Sächsische Schweiz e.V.
Am Bahnhof 6
01814 Bad Schandau
Tel. (03 50 22) 49 50
www.saechsische-schweiz.de

Tourismusverband Sächsisches Elbland e.V.
Niederauer Str. 26-28
01662 Meißen
Tel. (035 21) 763 50
www.elbland.de

FESTE & TERMINE

Januar
Opernball in der Semperoper
März
Internationaler City-Lauf (10 km)
April
Filmfest Dresden, Tanzwoche Dresden (Festival des modernen Tanztheaters)
Mai
1. Mai: Eröffnung der Elbsaison mit einer Dampferparade, Internationales Dixielandfestival, Kunstmarkt Dresden, Karl-May-Festtage in Radebeul
Mai/Juni
Dresdner Musikfestspiele
Juni
Stadtteilfest Bunte Republik Neustadt,
Elbhangfest (letztes Wochenende),
Sächsisch-Böhmisches Musikfestival
Juli/August
Filmnächte am Elbufer,
Dresdner Vogelwiese (Volksfest)
August
Moritzburg-Festival: Kammermusik international,
2. Monatshälfte: dreitägiges Stadtfest mit einer Parade der Elbdampfer
Oktober
Monatsanfang: Dresdner Tage der zeitgenössischen Musik,
Dresden-Marathon
Dezember
Dresdner Striezelmarkt (Weihnachtsmarkt)

Besondere Veranstaltungen zum 800-jährigen Stadtjubiläum im Jahr 2006 unter www.dresden-tourist.de

BÜCHER

MERIAN Live! Dresden und das Elbland Horst Medina, TRAVEL HOUSE MEDIA 2005, 7,95 € Praktisch, alle Höhepunkte auf einen Blick, prägnant und informativ.

Als ich ein kleiner Junge war Erich Kästner, DTV-Verlag 2003, 8 € Ein Buch für Kinder und Erwachsene. Die Autobiographie von 1957 gibt Einblicke in eine bewegende Dresdner Kindheit.

Der rote Hahn – Dresden im Februar 1945 Walter Kempowski, btb-Verlag 2001, 12 € Die Rekonstruktion aus Briefen und Tagebüchern von Zeitgenossen einer dramatischen Epoche der deutschen Geschichte sorgte bei ihrem Erscheinen für Furore.

Dresden & Die Sächsische Schweiz Ulrike Krause, Enno Wiese, DuMont Reiseverlag

E
F
G
H
I
Innerer Neustädter Friedhof
Hecht-viertel
Schauburg
Alaunpark
Alaun-pl.
Jägerstr.
Kraszewski-Museum
Stauffenberg-allee
VORSTA
Großenhainer Str.
Hansa-str.
Rudolfstr.
Friedensstr.
Lößnitz-
Gothaer Str.
Leipziger Str.
Dammweg
Schweppnitzer Str.
Bischofs-
Kunst-hof
Sebnitzer
Görlitzer Str.
NEUSTADT
Nordstr.
Waldschlößchen-
Metro-polis
Am Brauhaus
Dresden-Neustadt
Hafen
Jor-danstr.
Förstereistr.
Louisen-
Projekttheater
Kamenzer
Prießnitz-str.
Hohnsteiner
Blaue Fabrik
Löbauer
Zittauer
Radeberger
Forst-
Ober-kiesweg
Körnerweg
Dr.-Fr.-Wolf-Str.
Stetzscher Str.
Katharinen-str.
Königsbrücker Str.
Böhmische
Rothenburger Str.
M.-Luther-Str.
Alter Jüd. Friedhof
Pulsnitzer Str.
Pfunds Molkerei
Diakonissen-hauskirche
Elbe
Schlesischer Platz
E.-Kästner-Mus.
Albert-platz
Bautzner
Str.
M.-Luther-K.
Holz-
hofgasse
Personen-fähre
Elbradweg
Waldschl. brücke
S1, S2
Marien-brücke
Anton-
Theresienstr.
Kl. Marien-br.
Palais-pl.
Societäts-theater
Drei-königsk.
Kügelgenhs.
Hospital-
Georgenstr.
Glacis-
Hoyerswerdaer Str.
Kl. Haus
Löwenstr.
Rosen-garten
Carusufer
Japanisches Palais (Mus. f. Völkerk. u. Vorgeschichte)
Gr. Meißner Str.
Kunst-haus
Haupt-
Albertstr.
Archivstr.
Thomas-Müntzer-Platz
Kollwitz-Ufer
Kongress-zentrum
Neust. Markt
Mus. f. Sächs. Volkskunst
R.-Luxemburg-Platz
Wigardstr.
Sächsischer Landtag
Blockhaus
Köpckestr.
Carola-platz
Stauden-garten
Albertbr.
Käthe-
Blumen-
Pfeifferhans-str.
Pfotenhauerstr.
Fetscherstr.
B.-v.-Lindenau-Platz
Wiesen-torstr.
Königs-
Staats-kanzlei
Florian-
Bundschuhstr.
Sachsen-platz
Bönisch-pl.
Tatz-
berg
Theater-kahn
Semper-oper
Augustusbr.
Anlegestelle "Weiße Flotte"
Carolabrücke
Anlegestelle "Hotelschiffe"
Terrassen-ufer
Hopfgarten-
Trinitatis-friedhof
Neuer Jüdischer Friedhof
JOHANNSTADT
Zwinger
Ital. Dörfchen
Theat.-Pl.
Schloß
Brühlscher Garten
Elsasser
Sachsen-allee
Güntzpl.
Elias Friedhof
Gerokstraße
Trinitatis-kirche (Ruine)
Fiedler-
Blasewitzer
Kath. Hofk.
Hochschule f. bild. Künste
Albertinum
Neue Synagoge
Ziegel-
Schwimm-halle
Dürerstr.
Holbein-
Grundig-
Post-platz
Taschenbg.-palais
Fürsten-zug
Münz-gasse
Frauenkirche
Rathenau-platz
Verkehrs-mus.
Kultur-palast
Neu-markt
Pillnitzer
Straße
Güntzstraße
Striesener
Thomaestr.
Lortzingstr.
Glückstr.
Wormser
Wilsdruffer
Str.
Landhaus-
Pirnaischer Platz
Altmarkt-Galerie
Alt-markt
Stadt-museum
Kreuzkirche
Zirkusstr.
Seidnitzer
Mathildenstr.
Blochmannstr.
Dinglingerstr.
Haydn-
Holbein-
Antons-pl.
Raths.
Ring-
Grunaer Straße
Marschner-
Stephanien-platz
Fetscher-platz
Herz-Jesu-Kirche
Dippoldis-walder Pl.
Waisenhausstr.
Dr.-Külz-Ring
Canaletto-
Nicolaistr.
Borsbergstraße
Petersburger
Lingner-
Straßburger Platz
Rund-kino
Florentinum
UFA-Palast
Deutsches Hygiene-Mus.
Cocker-wiese
"Gläserne Manufaktur"
Stübel-
Comenius-
Tischerstr.
Reitbahnstraße
STADT
Prager Str.
Lingner-pl.
allee
Botanischer Garten
Comenius-platz
Stresemann-platz
Laube-
Wiener Platz
Mozart-Denkm.
Blüher-park
G.-Arnhold-Bad
Herkulesallee
Puppentheater Sonnenhäusl
Henzestr.
Lipsiusstr.
Mansfelder
Wiener
Bürgerwiese
Blüher-wiese
R.-Harbig-Stadion
Parkeisenbahn
Fürstenallee
Hans-Dankner-Str.
Lindeng.
Sidonienstr.
Wigardstr.
G.-Palucca-Str.
Lenné-
Kavaliers-häuser
Neuer Teich
Strehlener
Friedr.-List-Pl.
Parkstr.
Lenné-pl.
Zoologischer Garten
Großer
Park-theater
Palais
Palais-teich
Drachen-wiese
Stübel-
Gellert-str.
G.-Haupt-mann-Str.
Tiergartenstraße
Garten
Querallee
Herkulesallee
Hauptallee
Löffler-Str.
Schubert-
Schnorr-
Straße
Rich.-Strauss-Pl.
Mozartstr.
Wagner-Str.
Beethoven-
Carola-schlösschen
Carola-see
An der Pikardie
Bodenbacher
Russ.-ortho-doxe K.
Strehlener Platz
Semperstr.
Mormonen-tempel
Wiener
Winterberg-
Lukas-pl.
Uhland-
Gutzkow-
Franklin-
Beutler-park
Teplitzer
Freilicht-bühne
Basteistraße
Einsteinstr.
Erlweinstr.
Egon-Erwin-Kisch-Str.
Leonhard-Frank-
Weber-pl.
Dresden-Strehlen
G.-Adolf-Pl.
Wiener
Pfaffenstein-str.
Grunaer Weg
Zellescher
Buchmuseum
Sächsische Landesbibliothek
Ackermann-
Straße
Bebel-
Hildebrand-str.
Franz-Liszt-
Wasastr.
Oskar-
STREHLEN
Bastei-platz
Tiergartenstr.
Wasapl.
Kreischaer Str.
Alt-strehlen
Christus-K.
Rayski-str.
Grunaer Weg
Weg
E
F
G
H
I

MERIAN-Stadtplan
DRESDEN
0
600 m
K
L
M
N
O
1
2
3
4
5
6
7
Albertpark
Waldpark
WEISSER HIRSCH
Bautzner Str.
Heidepark-str.
Fischhausstr.
Moritzburger-
Pillnitzer-Weg
ehem. Bezirks-verwaltung des MfS
Brockhaus-garten
Schloss Albrechtsberg
Villa Stockhausen (Lingner-Schloss)
Schloss Eckberg
Körnerweg
Wunderlich-straße
Schevenstr.
Tolstoistr.
Knoop-str.
Schillerstr.
Lahmann-
Küntzelmannstr.
Collenbuschstr.
Stangestr.
Wolfshügelstr.
Oskar-Pletsch-Str.
Sonnenleite
Steglichstr.
Kurparkstr.
Sternwarte
Plattleite
Bergbahnstr.
Rißweg
Luisenhof
LOSCHWITZ
Hafen
Schiller-häuschen
Körnerhaus
Leonhardistr.
Standseilbahn
Grundstraße
Leonhardi-Museum
Schwebebahn
OBER-LOSCHWITZ
Sierksstr.
Krüger-
Körnerplatz
Kleine Frauenkirche
Pillnitzer Landstraße
Sächsische Weinstraße
Käthe-Kollwitz-Ufer
Max-Planck-Institut
Goethe-allee
Waldpark
Schubertstr.
Händelallee
Lothringer Weg
Königsheim-pl.
BLASEWITZ
Loschwitzer Straße
Waldparkstr.
Barteldes-pl.
Naumannstr.
Leinpfad
Fährgäßchen
Loschwitzer Brücke
"Blaues Wunder"
Körner-garten
Schiller-platz
Schiller-garten
Anlegestelle "Weiße Flotte"
Friedens-pl.
Mendelssohn-allee
Forsthausstr.
Teutoburgstr.
Kyffhäuserstr.
Hüblerstr.
Hübler-pl.
Barbarossapl.
Eisenacher-str.
Niederwaldstr.
Paulus-pl.
Tolkewitzer Str.
Heilig-Geistkirche
Kreischmerstr.
Fuchsstr.
Calberla-str.
Pappelwäldchen
Kotzschweg
Schloss
Rhododendron-garten
WACHWITZ
Wiesenweg
Elbe
H.-Seidel-Park
Dornblüthstr.
Oehmestr.
Nieder-wald-pl.
Wormser Str.
Jacobistr.
STRIESEN
Schandauer Straße
Glashütter Str.
Pohland-pl.
Ermelstr.
St.-Maria-Himmelfahrt
Versöhnungs-kirche
Technische Sammlungen
Augsburger Str.
Altenberger Str.
Polenzstr.
Freytagstr.
Hartmannstr.
Johannis-friedhof
Tolkewitzer Str.
Pillnitzer Landstraße
Haenel-Clauß-Pl.
Bergmannstr.
Schlüterstraße
Junghansstr.
Kipsdorfer Str.
Programm-kino Ost
Wehlener Straße
Striesener Friedhof
Hepke-pl.
Schramm-steinstr.
Schneebergstr.
Zinnwalder Str.
Altenberger Platz
Kipsdorfer Str.
Thomask.
Rosenbergstr.
Gartenheimallee
Grabenwinkel
Kleinhausweg
Uttewalder Str.
Frauensteiner Platz
Stadion
Weesensteiner Str.
TOLKEWITZ
Bethlehemk.
Rothermundt-park
GRUNA
Bodenbacher Str.
Liebstädter Str.
SEIDNITZ
Enderstraße
Altseidnitz
Marienberger
Nazarethkirche
Kirche
Synagoge
Theater
Museum
Denkmal
Information
Markt
Parkplatz
S-Bahn
Fußgängerzone
Straßenbahnlinie
Parkeisenbahn
© MERIAN-Kartographie

Daten zur Stadt

Dresden ist die Hauptstadt des Freistaates Sachsen und Mittelpunkt der Region Oberes Elbtal/Osterzgebirge
Fläche 320 km^2 (an 4. Stelle in Deutschland), davon 50 km^2 Waldgebiet
Lage 101–383 m über NN
Einwohner 480 000 (an 15. Stelle in Deutschland)
Telefonvorwahl 0351
Wirtschaft Dienstleistungen 28 %, Grundstücks- und Wohnungswesen 17 %, verarbeitendes Gewerbe 14 %, Handel 11 %, Verwaltung 9 %, Baugewerbe 6%, Gastgewerbe 4 %, Beschäftigte: 212 900, Arbeitslose: 35 300 (Zahlen von 2004)
Tourismus jährlich 2 639 000 Übernachtungen (2 248 000 Gäste aus Deutschland, 391 000 aus dem Ausland)
Forschung und Bildung mehr als 120 wissenschaftliche Institute und Forschungseinrichtungen, 5 Hochschulen mit 27 000 Studenten
Kultur 30 Museen, 13 Musik- und Sprechtheater, 10 Kinos, 3 Kabaretts
Städtepartnerschaften (in der Reihenfolge ihres Abschlusses): Coventry, St. Petersburg, Wroclaw/Breslau, Skopje (Mazedonien), Ostrava/Mährisch, Ostrau, Brazzaville (Kongo), Florenz, Hamburg, Rotterdam, Straßburg, Salzburg und Columbus (Ohio)

INFORMATIONEN

Dresden-Werbung und Tourismus GmbH

Ostra-Allee 11, 01067 Dresden
Tel. 49 19 21 00
www.dresden-tourist.de

Touristinformation: Tel. 49 19 20
(E 3) Schinkelwache Theaterplatz
Mai-Okt. Mo-Fr 10-18, Sa u. So 10-16 Uhr
(E 5) Pavillon Prager Straße (Nähe Hauptbahnhof)
Mo-Fr 10-18, Sa/So 10-16 Uhr
Zimmerreservierungen:
Tel. 49 19 22 22
zimmer@dresden-tourist.de
Kartenvorverkauf:
Tel. 49 19 22 33
ticket@dresden-tourist.de

Führungen

Stadtführer für Gruppen und Einzelreisende vermittelt die Dresden-Werbung und Tourismus GmbH unter **Tel. 49 19 21 40.**
Stadtrundgänge beginnen täglich am Theaterplatz, von März bis Oktober auch am Zwinger (Kronentor) und an der Augustusbrücke.
Architekturführungen veranstaltet Brey Kunst Kultur **Tel. 269 93 65**
www.ostmodern.de
Durch die **Gartenstadt Hellerau** führt Dr. Christoph De Rentiis **Tel. 477 54 32, Fax 477 54 25**
info@hellerau.de

Stadtrundfahrten

mit dem Bus beginnen mehrmals täglich an den Abfahrtsstellen Dr.-Külz-Ring, Augustusbrücke, Postplatz und Hauptbahnhof, mit der Straßenbahn am Postplatz, mit der Hummelbahn am Postplatz/Zwinger

Dresden-City-Card

Mit dieser attraktiven Rabattkarte kann man die Museen der Staatlichen Kunstsammlungen Dresden besuchen (hierhin können sogar noch zwei Kinder bis 15 Jahre kosten los mitgenommen werden) sowie die städtischen Busse, Bahnen und die Elbfähren im Stadtgebiet benutzen. Weiterhin Ermäßigungen bei Fahrten mit den Elbschiffen, diversen Veranstaltungen, in Ausstellungen, Theatern, Restaurants und beim Einkaufen. Die Dresden-City-Card ist 48 Stunden gültig und kostet 19 €.

Dresden-Regio-Card

Sie ist eine Erweiterung der Dresden-City-Card, beinhaltet also deren Vorteile und gilt 72 Stunden. Mit der Dresden Regio Card kann man den Eisenbahnnahverkehr (S-Bahn) der Region Oberes Elbtal (von Meißen bis praktisch zur tschechischen Grenze) beliebig oft nutzen. Die Dresden-Regio-Card kostet 29 €.

Dresden Days

Unter diesem Motto bietet die Dresden-Werbung und Tourismus GmbH eine Reihe attraktiver Pauschalpakete mit zahlreichen Bausteinen für den individuellen Dresden-Besuch ab 91 Euro an. Die Programme sind ganzjährig gültig.
Dresden Days pauschal: zwei Übernachtungen mit Frühstück (Auswahl unter fast 50 Hotels der Kategorien von Standard bis Luxus) und Dresden-City-Card.
Varianten sind Dresden Days 3 Nächte für zwei, 4 Nächte für 3 inklusive Dresden-Regio-Card sowie Angebote für Minigruppen und Familien mit bis zu drei Kindern.
Weitere Vergünstigungen: ermäßigte Anreise mit der Bahn und auf bestimmten Flugverbindungen. Für Reisen von Januar bis März gibt es Frühbucherrabatte.
Sehr umfangreich sind die Aktiv-Programme von „Dresden Days". Sie reichen von normalen Stadttouren bis zu besonderen themenbezogenen Stadtrundfahrten und Touren (u. a. Historischer Erlebnisrundgang, Nachts durch Dresdens Gassen, Trabi-Safari, Genuss-Touren, Stadtrundfahrt per Rad, Schlösser-Touren, Oldtimerfahrten, Schiffsausflüge auf der Elbe, Weintouren und Oldtimer-Bahnfahrten). Schließlich gibt es noch Programme mit abendlichen Kulturveranstaltungen.
Die ausführliche Broschüre **Dresden Days Pauschalangebote/Hotelarrangements 2005 (bzw. 2006)** ist zu bestellen unter
Tel. 49 19 21 16, 49 19 21 20
dresdendays@dresden-tourist.de
Internet-Buchung unter
www.dresden-tourist.de

Dresden im Internet

www.dresden.de
www.dresden-online.de
www.dresden-news.com
www.sz-online.de
www.dnn-online.de
www.dresden-tourist.de

Flussfahrten

Zu den schönsten, stimmungsvollsten und erholsamsten Unternehmungen in und um Dresden gehört eine Flussfahrt mit einem der acht historischen und renovierten Schaufelraddampfer oder einem

DATEN | WETTER

	Jan.	Feb.	März	Apr.	Mai	Juni	Juli	Aug.	Sept.	Okt.	Nov.	Dez.
Durchschnittl. Temp. in °C Tag	1	3	8	14	19	23	24	24	20	14	7	3
Nacht	-3	-3	0	4	8	12	14	13	10	6	2	-1
Sonnenstund./Tag	6	3	4	5	6	7	7	7	6	4	2	2
Regentage	9	9	8	10	11	11	10	9	8	9	9	11

Das Obere Elbtal hat ein recht mildes Klima, weil sich hier kontinentale und maritime Einflüssse überlagern. Juni, Juli und August weisen mittlere Temperaturen von 24 °C auf, die Kessellage sorgt häufig für Schwüle und eine Dunstglocke über Dresden, was wiederum die späten Abende noch recht lau macht. Dennoch sind die Sommermonate die regenreichsten.
Die Temperaturen der Wintermonate rutschen manchmal weit unter den Gefrierpunkt.

Grandios: Sandsteinfelsen im Rainbow Valley Nature Park südlich von Alice Springs

Glanzvolle Skyline: Sydney ist Australiens heimliche Hauptstadt

Zwischen zwei Welten: Aboriginal People

Gigantisch: Kartoffelzackenbarsch am Barrier Reef

Australien ist das Traumziel für Fernwehgeplagte, Naturfreaks und Abenteurer. Spektakuläre Landschaften, Weite und Wildheit faszinieren die Reisenden. Und Metropolen wie Sydney

- Berauschende Natur: Tasmanien, die Insel der Extreme
- Byron Bay: Der Kraft- und Kreativitätspool der Ostküste
- Outback: Mit dem Zug durchs flammend rote Nirgendwo
- Schillerndes Sydney: Megastadt mit hoher Lebensqualität
- Tim Winton: Australiens berühmter Autor über die Westküste
- Garma Festival: Das größte Meeting der indigenen Kulturen

Zuletzt erschienen:

Oktober 2005

September 2005

August 2005

Juli 2005

Juni 2005

Mai 2005